主要作者及丛书简介:

雅克·马丁: 法国著名漫画大师,1921年生于法国斯特拉斯堡,早年便在漫画方面表现出过人的天赋,与著名漫画家埃尔热和雅各布并称为"布鲁塞尔学派"的三个主要代表。1948年,马丁创造出阿历克斯这个生活在恺撒时代的罗马青年形象,并在《丁丁》杂志上开始连载他的故事。凭借着广博的历史和文学知识、娴熟的绘画技巧以及对古代建筑精细准确的再现,马丁创立了一个以严谨考证为基础的历史漫画创作流派。1953年,马丁与埃尔热工作室合作,参与了几部丁丁漫画的创作。1984年,马丁获得法国艺术文学骑士勋章。1988年,卡斯特曼出版公司大规模出版"阿历克斯历险记"丛书,以庆祝马丁创作这套系列漫画40周年。马丁一生共创作漫画120多部,累计销量超过1000万册。2010年1月21日,马丁在瑞士逝世,他的助手们目前在继续他的系列漫画的创作。

"时光传奇"丛书: "阿历克斯历险记"系列漫画是雅克·马丁一生中最重要、最畅销的作品,也是世界漫画史上的经典作品之一。"时光传奇"丛书的重要组成部分即为"阿历克斯历险记图解历史百科"丛书的中文版。在本书中,阿历克斯和他的伙伴将穿越时空,带领读者领略各大古文明的兴衰。

特别感谢拉斐尔·莫拉莱斯和**莱昂纳多·帕米沙诺**对本分册的大力帮助。

法国漫画大师雅克·马丁作品

时光传奇
Khronos Cross

埃及

之卡纳克、卢克索和帝王谷

［法］雅克·马丁 著

尹明明 宫泽西 译

北京出版集团
北京出版社

目 录

在20世纪80年代游览埃及时，我就产生了创作"阿历克斯历险记"丛书的念头。1990年，这套丛书以"奥利安历险记"的名义推出了第一册《希腊》。随后于1992年推出了《埃及》的第一版，随后又有几部分册陆续出版，在形式上焕然一新，新书中的阿历克斯将引领读者探寻引人入胜的埃及古迹。

当然，阿历克斯是恺撒时代的人物，在本书中，他穿越时空，成为历史的见证者。新出版的埃及部分共有两册。插图展现的均是当地鼎盛时期或最终发展阶段的景观。在《埃及之漫游尼罗河》一书中，古王国时期的建筑（例如萨卡拉的金字塔和吉萨的金字塔）、托勒密时期的大型神庙以及亚历山大里亚的希腊罗马式城市，它们彼此相隔了2000余年之久！这充分显示了埃及文明的悠久历史。

在着手写这套丛书之前，我们完全没有预料到潜在的困难，但不久后我们便知道，力图再现古埃及的宏伟建筑是一件多么复杂艰巨的任务了！许多建筑，比如考姆·埃尔-赫坦的阿蒙诺菲斯三世神庙、拉美修姆以及卡纳克部分地区的建筑都已经严重损毁，想要精准还原这些建筑的样貌是极其困难的。但我们在翻阅了大量资料，在图书馆和博物馆中进行了大量调研并实地考察后，撰写了大量的文字材料，绘制了大量图片，最终才使得这套图书出版问世。

当然，埃及之所以成为遗迹保留较为完好的国家之一，还要归功于几个世纪以来掩埋遗迹的沙土以及当地干燥的气候。所在地较为偏僻的遗迹均被修缮了，尤其是上埃及地区的遗迹。实际上，距离地中海及大型港口城市较近并不利于保存遗迹，例如三角洲地区的塔尼斯、布巴斯提斯及孟菲斯等地。人为破坏及地震并没有影响到所有的宏伟建筑。幸运的是，与埃及密不可分的沙漠使大量遗迹得以保留下来，以致人们如今还能一睹它们的风采。

经过全面编辑的新版本终于与大家见面了，本书可以让读者们领略到埃及古城的悠久历史及其遗迹的雄伟壮观。

雅克·马丁

年 表

以下列出的是主要法老的名单。详细年表请参见《埃及之漫游尼罗河》。

前提斯时期

（零王朝）蝎子王、那尔迈。

提斯时期（约前3000—前2670年）

（第一王朝至第二王朝）阿哈、哲尔、杰特、登、伯里布森、哈塞海姆威。

古王国时期（约前2670—前2160年）

（第三王朝）左塞、塞海姆海特、胡尼。

（第四王朝）斯尼夫鲁、胡夫、拉杰德夫、哈夫拉、孟卡拉。

（第五王朝）乌瑟卡夫、萨胡拉、奈菲利尔卡拉、纽塞拉、乌那斯。

（第六王朝至第八王朝）特提、珀辟一世。

第一中间期（约前2160—前2030年）

（第九王朝至第十一王朝，首都分别位于赫拉克利奥坡里斯和底比斯）

中王国时期（约前2030—前1730年）

（第十一王朝）孟图霍特普二世、孟图霍特普三世、孟图霍特普四世。

（第十二王朝）阿蒙尼姆赫特一世、塞索斯特里斯一世。

（第十三王朝）阿蒙尼姆赫特五世、索贝克霍特普一世。

第二中间期（约前1730—前1530年）

（第十四王朝）奈赫西。

（第十五王朝至第十六王朝）喜克索斯诸位法老、阿波菲斯。

（第十七王朝）卡摩斯、阿摩西斯。

新王国时期（约前1530—前1075年）

（第十八王朝）阿摩西斯、阿蒙霍特普一世、图特摩斯一世、图特摩斯二世、图特摩斯三世（前1479—前1424年期间与哈特舍普苏特共同执政）、阿蒙霍特普二世、图特摩斯四世、阿蒙霍特普三世、阿蒙霍特普四世（埃赫那吞）、斯门卡拉、图坦卡蒙、阿伊、郝列姆赫布。

（第十九王朝）拉美西斯一世、塞提一世、拉美西斯二世、美楞普塔、塞提二世（篡夺了阿蒙麦西斯的王位）、西普塔、塔沃斯塔王后。

（第二十王朝）塞特纳赫特、拉美西斯三世、拉美西斯四世至拉美西斯十一世。

第三中间期（约前1075—前712年）

（第二十一王朝）斯蒙迪斯、普苏森尼斯一世、西阿蒙、普苏森尼斯二世。

（第二十二王朝）舍尚克一世、奥索尔孔一世。

（第二十三王朝）皮杜巴斯特一世、奥索尔孔三世、塔克洛特三世。

（第二十四王朝）泰夫纳赫特、波克霍利斯。

晚王朝时期（前712—前332年）

（第二十五王朝）皮安柯、沙巴卡、沙巴塔卡、塔哈尔卡。

（第二十六王朝）普萨美提克一世、尼科二世、阿普里斯、阿玛西斯。

（第二十七王朝，第一个波斯占领时期）冈比西斯二世、大流士一世、薛西斯一世、阿塔薛西斯一世。

（第二十八王朝）阿米尔塔尼乌斯。

（第二十九王朝）奈夫里提斯一世、阿克里斯。

（第三十王朝）奈克塔尼布一世、提奥斯、奈克塔尼布二世。

（第三十一王朝，第二个波斯占领时期）阿塔薛西斯三世、大流士三世。

托勒密时期（前332—前30年）

亚历山大大帝、腓力三世、托勒密一世至托勒密十五世（恺撒里昂）、克利奥帕特拉七世。

罗马时期（前30—395年）

古埃及

奥古斯都，继而是诸位罗马皇帝，包括提贝里乌斯、图拉真、哈德良、戴克里先、狄奥多西。

拜占庭时期（395—639年）

阿拉伯时期（自639年开始）

注：书中地图系原文插附地图。

前 言

在沿尼罗河长途旅行后，阿历克斯和艾纳克在上埃及的中心卡纳克和卢克索停下来。他们将带领我们追随不计其数的旅客曾经留下的足迹，自古时起，便有无数游人来到这里朝拜当地的阿蒙神。当地一位名字意为"隐藏者"的次神于前2000年被列入帝国重要神的行列当中，而此时也正是发迹于底比斯的第十一王朝使国家重新统一的时候。在2000余年的岁月中，世袭的历代埃及法老无一不对卡纳克神庙的扩建与装饰做出了贡献，使得卡纳

比利时考古队于古尔纳进行的新王国时期王公贵族陵墓的勘探工程。图中后景是拉美修姆葬祭庙

克成为古代世界最大的宗教建筑群。荷马吟唱的《千门之城底比斯》，便是希腊诗歌对卡纳克城每一座神庙均建有多重塔门的一种形象比喻。

拉斐尔·莫拉莱斯通过引用精美的图画与仔细考究的史料，邀我们一同探索此地别具一格的建筑群，这些色彩艳丽的建筑在古代都曾举行过丰富多彩的活动。

但底比斯并不局限于卡纳克和卢克索两个地方。底比斯墓地坐落于尼罗河左岸，那里拥有古埃及最为尊贵的墓地——帝王谷。新王国时期的所有法老均在此地建立了自己永久的安身之所，而他们的神庙则建在了冲积平原的边缘地带：例如位于戴尔·埃尔-巴哈里的女王哈特舍普苏特葬祭庙，位于考姆·埃尔-赫坦（Kôm el-Hettan）的阿蒙诺菲斯三世葬祭庙，拉美西斯二世建造的拉美修姆葬祭庙以及位于美迪奈特·哈布的设计雄伟的拉美西斯三世葬祭庙。

拉斐尔·莫拉莱斯对于埃及文明研究抱有长期的热忱，出版过很多内容翔实的埃及学研究著作。实际上，他连续多年参与比利时考古队在底比斯墓地进行的考古和研究工作。本书是作者在参加了一场关于连环画中的埃及形象的研讨会之后所创作的别具匠心的著作——与勘探工作各阶段的制图员通力合作，最大限度地保证资料的科学性。本书为"阿历克斯历险记图解历史百科"丛书的一册，书中所使用的大量图片毋庸置疑是展现这段历史的最好素材。

洛朗·巴韦

布鲁塞尔自由大学埃及考古学教授、比利时驻底比斯墓地考古队负责人洛朗·巴韦还是如下著作的合作者：《这不是金字塔……比利时考古队在埃及研究的一个世纪》，鲁汶-巴黎：彼得斯出版社，2012年。

大臣凯伊的金字塔复原图，这座遗迹由比利时考古队于2012—2013年间发现。金字塔是在拉美西斯二世统治时期建立的，位于一座更加古老的陵墓中

卡纳克

卡纳克一词源于阿拉伯语阿尔－卡纳克（al-Karnak），意为"堡垒村"。自17世纪起，旅客们把这里称作卡纳克，而这一名字实际上是当地居民用来称呼遗迹建筑群的。古埃及人将其称为伊派特·伊苏特（Ipet Isut），意为"受崇拜之地"。这片大致位于北埃及和南埃及中部的地区起初只是个无关紧要的小镇，直至第十一王朝的法老在此建都，才奠定了这片中心地区战略上的绝对优势。

这座雄伟的塔门从未完工，它曾一直被包裹在泥砖建造的用以施工的斜坡和平台之中。直至1940年，此地的废墟才被人们拆除清理，而在过去的几个世纪里，人们在此地建造了层层房屋。这座庞大的建筑从那时起就变成了如今的样子。倘若建筑物得以建成，那么它的高度将会在40米以上，并在正面竖立起8根巨型桅杆。一座高26米的大门虽然建成了，却从未有人对其进行装饰。图中左侧是一座围有栏杆的码头，用以在节日和庆典期间迎接阿蒙圣舟。这座码头位于内港之中，通过运河与尼罗河相接

长久以来，此地供奉着两位神祇——战争之神孟图和隐藏之神阿蒙。前2060年左右，在古王国末期开始的混乱局面结束之后，法老将南北埃及重新统一起来，赋予阿蒙神更高的地位，将其称为阿蒙－拉，阿蒙－拉神可以将南埃及的神秘力量和北埃及太阳神拉的力量汇聚起来。塞索斯特里斯一世是最早为阿蒙－拉建造大型神庙的法老。他将神庙建在了"尼罗河旁的岩石"上，也就是卡纳克。这座建筑呈四边形，正面由一系列奥西里斯圆柱装饰，这种建筑风格被此后的大型神庙广泛采用，如今人们将这座建筑的所在地称为"中王国的庭院"。

从喜克索斯人的入侵和统治中解放出来之后，第十八王朝的法老们开始大力发展底比斯。值得注意的是，这些法老在新王国初期也没有停止扩建卡纳克，卡纳克已经成为一处永远无法完工的工地，工程持续了16个世纪之久。除了阿蒙诺菲斯四世（埃赫那吞）统治时期以外，卡纳克的扩建工程从未停止，阿蒙神的影响力也在不断扩大。第十八王朝和第十九王朝的法老们，特别是图特摩斯家族和拉美西斯家族，在为神庙装饰或添置物件方面做出了重大贡献。卡纳克神庙数量众多，被人们奉为古代最雄伟的宗教建筑群所在地。此地建立起来的作坊、仓库、农田和村庄不计其数，往往堆积着生产过剩的物品。阿蒙祭司的权力自此时起变得异常强大，以至于他们建立了真正的国中国。继信奉阿玛尔纳异教的埃赫那吞和年

轻的图坦卡蒙逝世后，一位名为阿伊的高级祭司头戴双王冠成为统治者，而后他又将双王冠传给了著名将领郝列姆赫布。郝列姆赫布登基后立即下令在这片神奇的土地上建立各类设施。宗教权力的不断壮大迫使统治者们与卡纳克的神职人员保持距离，例如拉美西斯二世以需要及时遏制敌军的进攻为借口，将首都向北方边境迁移，以远离祭司的统治中心。宗教权力在拉美西斯二世统治时期达到极盛。他的继任者们无力抵抗卡纳克，没有一个法老有能力采取与底比斯祭司相悖的政策。

创造之神阿蒙－拉象征着混乱无序的对立面，其神庙精准地坐落于四个方位基点的中轴线上，且被赋予了神秘的象征意义。这座神庙在某种意义上是尼罗河涨水退水的调控器。尼罗河涨水退水反复无常，无论泛滥还是干涸都会导致埃及民众遭受饥荒。因此，一直受生活不确定性和厄运困扰的古埃及人每日都为拥有神秘力量的神祇举行虔诚的礼拜仪式。

卡纳克地区有三座大型神庙，它们分别是北部的孟图神庙、中央的阿蒙－拉神庙和南部的穆特神庙。每一座大神庙中都坐落着众多小神庙、礼拜堂和圣殿，并配有上千名祭司、用人和奴隶，他们在合计超过100公顷的区域内各司其职。仅阿蒙－拉神庙区就拥有25公顷的土地，包括花园、畜牧区、仓库、工场、居民区和监狱。

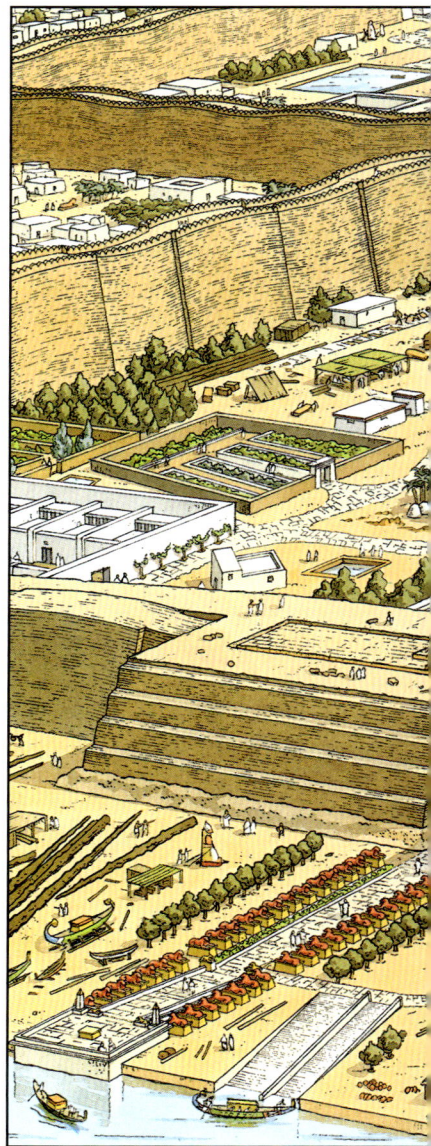

尽管后埃及的埃及法老们对于愈加专横的祭司有所怀疑，但他们仍然没有停止美化卡纳克，并且竭尽全力为这片宗教区域建造更多的建筑。

亚历山大大帝及其继承人，即著名的托勒密家族，倾注巨资防止建筑物老化损毁，对大门进行装饰，并且建造了礼拜堂。尽管托勒密王朝的统治者如此慷慨大方，但他们从未掩饰过对祭司的蔑视，而祭司也不对他们抱有任何好意。

罗马人到来以后，埃及真正失去了灵魂。尽管罗马皇帝们竭力建造石灰岩建筑物，拆除了多座方尖碑，但科普特教堂的基督徒们却疯狂地熔化神像并建造教堂。随后沙土逐渐堆积在这些大型建筑之上，在一定程度上使得建筑物免遭人类破坏，而只有柱子和柱头裸露在赭色的沙海之上。之后的几个世纪里，小土地所有者在这片废墟上安居，而此时这里也仅能看到极少数高耸出沙海的古迹了，但人们依然能从中推测出遗迹的规模。

这座名为"中王国庭院"的院落曾经是塞索斯特里斯一世神庙的所在地。神庙最深处的至圣所中矗立着神像。图片远景是放置圣舟的祭坛、哈特舍普苏特方尖碑、图特摩斯一世方尖碑，再往后则是多柱大厅和第一塔门

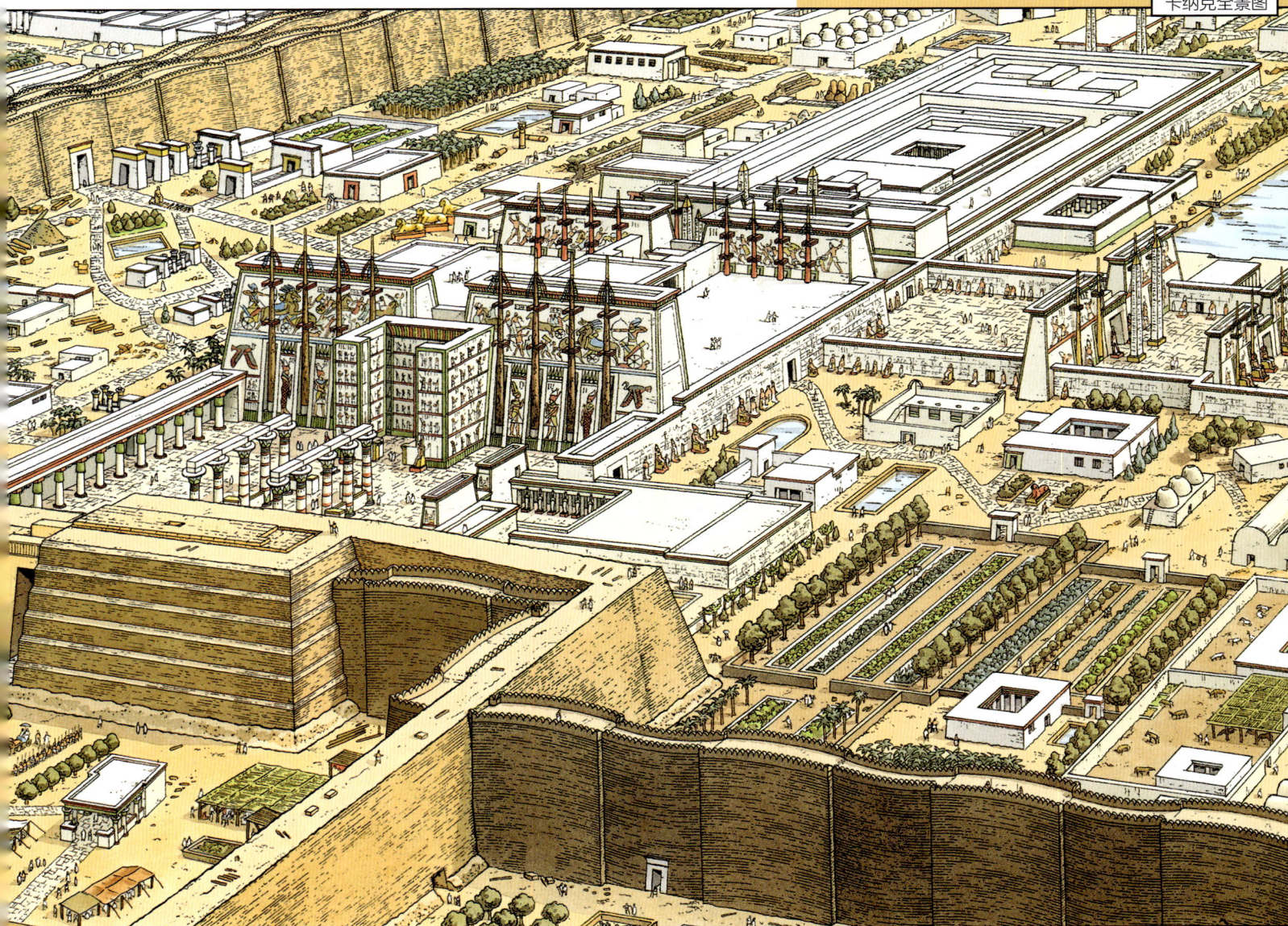

卡纳克全景图

布巴斯提斯庭院

拉美西斯二世统治时期，因为郝列姆赫布塔门（第二塔门）构成了当时大型神庙的正面，这片地区被当成广场来使用。其中的旗杆高40余米，吹动彩色狭长小旗的风象征着神的吹拂。一条两旁矗立着公羊头斯芬克司雕像的游行道路穿过青翠的花园，通向码头。之后，法老塞提二世命人在神庙门前60余米远处建造了一座分为三部分的祭坛，用于放置阿蒙、穆特和孔苏的圣舟。此后，拉美西斯三世在斯芬克司大道的南侧建立了一座装饰精致的祭坛神庙，这座神庙是用来纪念成功击退著名的"海上民族"一事的，海上民族在几个世纪里不断骚扰埃及的西北边界。这座建筑在一定程度上可谓是五脏俱全的微型神庙，囊括了塔门、巨像环绕的庭院、多柱厅和圣殿。

前1085年，随着拉美西斯王朝的没落，埃及开启了新的纪元，此时强大的阿蒙-拉神的祭司掌管了分崩离析的政府。接下来，混乱

布巴斯提斯庭院中第一塔门和第二塔门之间的景致

的局面使得一个起源于布巴斯提斯的王朝在尼罗河三角洲地区执掌了大权。这些法老决定改建卡纳克神庙的广场。从前945—前887年，舍尚克一世与奥索尔孔一世在神庙的主干道南北两侧建立起了柱廊。他们计划用一座大型塔门——第一塔门——将这座新建的庭院封闭起来，但在地基以外的地方动工几乎是不可能的。拉美西斯二世建造的沉重的斯芬克司雕像在柱廊前一个接一个地排列在一起。前700—前664年，努比亚的法老们或埃塞俄比亚的法老们统治着埃及。其中最著名的法老是塔哈尔卡，他在布巴斯提斯庭院中修建了一座由以纸莎草[1]图案装饰的圆柱组成的敞开式凉亭，凉亭中央是一座用于放置阿蒙圣舟的雪花石膏祭坛。鉴于建筑的整体规模，这座祭坛俯瞰起来就像是柱廊上的屋顶。也许在举行宗教庆典的时候，这座建筑还会悬挂起大块布匹。然而，还有谜题尚未解开，埃及的此类建筑通

多柱厅的所有柱子上均雕刻着向阿蒙或丰产之神阿蒙-敏献祭的画面

---

[1]纸莎草，一种生长于尼罗河三角洲一带的水生植物，其植物纤维具有较强的柔韧性，因而埃及人用其制造纸张。可以说，埃及人是最早使用这种纸张的人。

常都会建有一座塔门，例如努比亚的统治者给卡纳克的所有神庙都修建了塔门。本应是此地最为雄伟的第一座塔门却一直未完工。这座塔门与泥砖围墙建造于同一时期，均始建于第三十王朝奈克塔尼布一世统治时期。在埃及相继被亚述和波斯统治后，法老的爱国情绪高涨，于是开掘了此地历史上规模最大的工地。然而法老还没有等到竣工那一天的到来，工程就被来势汹汹的波斯侵略者中断了。随着第三十王朝的终结，建筑工程也结束了。尽管多年后亚历山大大帝解放了埃及，但他的继承者们却没有继续建造这座雄伟的建筑。他们对于卡纳克祭司的不满一定是其中一种原因。

多柱大厅

经过拉美西斯巨像和第二塔门的入口，便是卡纳克神庙多柱大厅中令人惊奇的石柱林。多柱大厅宽102米，长53米，由134根柱子组成，其中12根以绽放的纸莎草图案装饰，而另外122根柱子以含苞待放的纸莎草图案装饰，且较前者矮三分之一。这12根高大的柱子组成了中堂，支撑着距离地面25米高的天花板。中间道路和两旁道路的高度差距形成了窗口，使得光线可以照进大厅，而两侧的部分则仍处于半明半暗的神秘气氛之中。

这些不计其数地生长在沼泽中的纸莎草象征了阿蒙-拉的创造能力及繁衍能力。神在此通过庄严的加冕仪式将权力赋予法老，而即位的统治者则需要继续完成神的事业。这座庞大的建筑历经了第十八、十九王朝的多个建造阶段才得以完工。阿蒙诺菲斯三世（埃及语称为阿蒙霍特普三世）建造了第三塔门，其内部装饰工程始于塞提一世在位时期。随后郝列姆赫布建造了第二塔门，并构建了多柱大厅里两侧低中间高的建筑构造。两侧的122根柱子是由塞提一世建立起来的，同时塞提一世从北部对建筑整体进行了装饰。

多柱大厅内的场景

布巴斯提斯庭院中的巨像

然而由于技术手段有所欠缺，工程持续了将近10年之久。如今来到这里参观遗迹的游客们往往被柱廊的雄伟壮观所震惊，他们难以想象为了复原神庙的本来面貌需要挖出多少沙土和断壁残垣。

第四塔门的庭院

灿烂的阳光穿过多柱大厅，照射到第四塔门前的庭院上，使里面四座锥顶镶有琥珀金的方尖碑闪闪发亮。这种金属由金银混合制成，在阳光的照射下璀璨耀眼，象征着太阳神拉的创造能力。太阳由东向西行进轨迹的中轴线与由南向北流淌的尼罗河的中轴线形成了一个交点，而四座方尖碑则正是以这一交点为中心，在四个方位上竖立起来的。两座巨石建筑是由图特摩斯一世建造的，而第四塔门和西侧的建筑是由图特摩斯三世建造的。他的其中一位继承者图特摩斯四世在神庙入口前建立了一座镶金的高大门廊，而门廊则由两根以绽放的纸莎草图案装饰的笔直圆柱支撑。

四座方尖碑所在的庭院

塞提一世的继承者拉美西斯二世延续了父亲的遗志，对南部建筑进行了装饰，并且建立了列柱。他之后的拉美西斯四世和拉美西斯五世也对此做出了贡献。完成这项伟大的工程花费了近80年的时间，但与此地的悠久历史相比，这算不得什么。

由于多柱大厅是用砂岩砖块建造的，所以比圣殿中其他部分受时间侵袭的程度要低。但1899年10月3日发生的地震波及了卡纳克，使这片拥有几千年历史的地区严重损毁。万幸的是，法国考古学家乔治·勒格雷在对这座神庙进行勘探的同时，也对这片地区进行了重建和加固。

瓦吉特（La Ouadjyt）

图特摩斯一世建立了一座最初用于举行法老加冕礼的厅堂。这座厅堂由奥西里斯巨像围绕，顶部是一座由列柱支撑的木质屋顶。法老在厅堂的南部接过上埃及的王冠，继而在厅堂的北部接过下埃及的王冠。阿蒙-拉及其祭司使法老的权力合法化。

图特摩斯二世的妻子哈特舍普苏特自封为法老，并彻底改变了神庙的用途。她建造了玛阿特宫殿，玛阿特是象征秩序和正义的女神。

这座建造于第五塔门东侧的建筑物包含着许多厅堂。哈特舍普苏特将加冕仪式转移至此地举行。瓦吉特自此不再肩负王室的神圣使命，而是成为一座露天庭院，庭院中矗立着两座表面完全由纯金覆盖的花岗岩方尖碑。在如此狭小的地方建造起高度超过28米的方尖碑，堪称是卡纳克建筑史上的一个壮举。

图特摩斯三世长期被继母哈特舍普苏特限制权力，因此心怀怨恨，在即位后急忙将这个"篡位者"的功绩掩盖起来。他决定重新确立瓦吉特建立之初的用途，使此地的风貌焕然一新。为了掩盖哈特舍普苏特的方尖碑，他建造了砂岩基座，并在饰以倒钟形图案的列柱和图特摩斯一世巨像间的柱石上方，加盖了一座石质屋顶。

阿蒙神雕像和哈特舍普苏特方尖碑

瓦吉特的景致

至圣所

这座中王国时期建造的神庙中心坐落着至圣所，这里也是底比斯最神秘、最昏暗的地方。

原则上只有法老可以接近神，但实际上法老将大部分关于神庙的权力移交给了阿蒙-拉的大祭司。法老（或者代法老临时掌权的人）每日多次"登上东方"，进入圣殿当中，依次开启并穿越三扇门，最终来到放置神像的内中堂。内中堂内只有一支用于照明的大蜡烛，主持仪式的祭司打开神龛，完成仪式规定的程序，而这一程序也随着每日时辰的不同和每年周期的不同而改变：早上神的"苏醒"、常规的梳洗仪式、献祭，全程都是在吟唱和祈祷中进行的。通过这场在阿蒙-拉面前举行的仪式，统治者或者"法老的祭司"为神之力量服务，并与其进行交流。之后，他一步步地退出此地，并用心地铺开一层细沙，以消除神庙最神圣的房间里的不净之物。

至圣所的复原图

圣舟堂

在举行仪仗仪式的节日期间，阿蒙-拉的神像被放置在一条镶贴黄金的圣舟当中。这条装饰华美的小船依靠众多祭司肩扛着行进（后期仪式中扛船的祭司数量达到了32人）。小船的中央是一座内中堂，上面顶着一层或多层华盖，并有亚麻帘子垂下，用以保护神的小雕像。由于公羊头是阿蒙的象征，因此船的两端呈公羊头的造型，并且公羊头上还顶着象征太阳神拉的太阳圆盘。放置圣舟的祭坛是由腓力三世建造的。实际上，这座圣舟堂是完全仿照图特摩斯三世在哈特舍普苏特玛阿特宫殿中所建造的圣殿原地复建的。这座建筑由两座厅堂组成，厅堂的墙壁上刻画着向阿蒙和阿蒙-敏献祭的场景。

圣堂中的阿蒙圣舟

三世圣殿

这座中王国时期神庙的东侧，是图特摩斯三世于前15世纪建造的三世圣殿，其中央有一个通常被称为"节日大厅"的长形房间。这里是举行王室典礼的地方，庆祝法老即位30年的"三十年节日庆典"便在此举行。

这座坐南朝北的厅堂包含一条两侧矗立着帐篷桩式柱子的中央大道，而这条大道是沿由32根方形柱子组成的柱廊而建的。此后这里被科普特教徒改造成为大教堂，柱子被饰以天主教图案，其中基督的图案尤为凸显。然而，三世圣殿不仅是一座王室大厅，还是一座重要的宗教建筑，将原来的神庙分成了两部分。三间连续的小房间和一座前厅被称为"植物花园"，因为其墙壁上刻画了大量的动植物图案，经由这里可以到达圣殿。象征繁育的阿蒙神在圣殿中将权力赐予法老。

圣湖

图特摩斯三世是第一位在阿蒙神庙南部开凿圣湖的人，同时他还建造了第七塔门，并且在沿尼罗河延伸的仪仗大道中轴线上建立了方尖碑。这位伟大的法老在神庙脚下建立了一座由列柱围绕的凉亭，其中放置着雪花石膏祭坛用以支配圣湖之水。而阿蒙-拉也能在祭坛之上参与到节日庆典中来。这座用以"神圣航行"的湖泊也是用来为即将进入神庙的祭司举行净身仪式的，祭司在此得到象征性的洗礼。另外，小船围绕湖泊航行也是为了从水上观察建筑物。圣湖的水平面是依据含水层的情况而变化的，也会受到尼罗河涨水退水的影响。水位则是通过尼罗河水位计[1]监控测量的，信仰阿蒙的地区中许多地方都有这类尼罗河水位计。由于河水的涨退，丰收的程度也不尽相同，因此可以通过尼罗河水位计确定应上缴的税款总额。圣湖的面积不断扩大，埃塞俄比亚的法老塔哈尔卡最终将其扩建到了120米长、77米宽，并在圣湖的西北角建造了用以供奉日出之神拉-哈拉凯悌的神庙。这位神每日清晨以金龟子的形象重生。圣湖南部矗立着"纯洁祭品的仓库"。其中有一个用于放置阿蒙圣鹅的鸟笼，里面堆满了食物。人们将圣鹅敬献给神后，便会重新将其分发给祭司，甚至是百姓。

【1】尼罗河水位计属于神庙的一部分，祭司曾用它预测尼罗河洪水的水位，并据以确定税收数额

三世圣殿中举行"三十年节日庆典"的场景

向西北方望去的圣湖

奥伊尔赫特之门

奥伊尔赫特之门位于阿蒙-拉神庙区的西南部，其名称来源于法老托勒密三世的希腊语名字，托勒密三世为这座大门进行了装饰，然而它却是由第三十王朝的法老们建造的。这座大门与奈克塔尼布砖墙建造于同一时代，高25米，宽12米，其上有一条由雉堞掩护的环形通道。一些考古学家推断，墙壁上的水波纹路象征着努恩，也可能象征着诞生了世界上第一座小丘的原始海洋。而另一些考古学家则认为，这些水波纹路象征着一种特别的建筑技术。这座巨大的围墙在晚王朝时期完全取代了之前的墙壁，而之前的墙壁连痕迹也没有留下。最终，庞大的奥伊尔赫特之门成为阿蒙神庙区中唯一能从外面看到的建筑。

奥伊尔赫特之门通向孔苏神庙。孔苏神庙由拉美西斯三世建造，且保存完好，前面是塔哈尔卡的列柱凉亭。孔苏是底比斯三联神中的圣子。孔苏的雕像被制作成了木乃伊的样子，他头戴以月牙装饰的轮盘，发辫垂悬于两侧，并且手握复合材料制成的权杖。

出了这座雄伟的大门，便是一条两侧装饰着公羊雕塑的大道，这条大道与通向穆特神庙和卢克索神庙的仪仗大道相连。

如今依然屹立在孔苏神庙前的雄伟的奥伊尔赫特之门，高约25米

奥伊尔赫特之门和孔苏神庙的景致

圣祭司的居所堂

大批祭司居住在阿蒙-拉神庙区的围墙内并举行献祭仪式，他们都是阿蒙大祭司的用人，而大祭司在国家内拥有举足轻重的地位。祭司在一些时期根据等级被划分为125个不同的职位，以保证日常献祭仪式和大型庆典的顺利举行。

高等级祭司身边聚集着各种职位的祭司，如辅祭、见习祭司、歌者、朗读者、书吏、艺术家、手工艺者和工人等，此外还有跟随仪仗队伍行进的女祭司。卡纳克遗留下来的住宅或行政场所寥寥无几。比如，人们已经找不到真正的神圣学堂（"生命之屋"）的所在地了。原因很简单：只有神的居所方可使用"永恒材料"（石头）建造。

百姓的居所不过是用日晒砖（在阳光下晒干的一种生砖）建造的。尽管建筑材料简陋，但一部分居民的家宅仍有小型庭院、房屋和屋顶露台。住宅区在圣湖东侧、第九塔门附近被发现。

底比斯城

这座尤为著名的城市在古代被称为"瓦塞特"（Ouaset），意即瓦斯权杖的城市，而瓦斯权杖正是法老权力的象征。如今这座城市通用的名称来源于地道的希腊人荷马，他将无法翻译的词语进行了希腊化移植。底比斯令荷马印象尤为深刻，乃至荷马称它为"千门之城"。这片地区从建成之初便以惊人的速度扩张，被认为是"人类的第一座小丘"，也被认为是阿蒙的诞生之地。底比斯于中王国时期成为埃及的首都，并在新王国

初期成为毋庸置疑的大都会。底比斯声名卓著，在非洲的日照下，那些精美的神庙、无数粉刷雪白的房屋，都焕发出耀眼的光芒。城市最重要的区域位于卡纳克建筑群和卢克索建筑群之间。新王国末期，这座城市开始衰落，而且仅仅是其他国家行省中的一座重要城市罢了。首都迁移到了埃及北部三角洲地区的城市。底比斯于前664年遭到了亚述人的侵略，随后又遭到了波斯人的侵略，最终等到了亚历山大大帝的到来……托勒密家族在菲莱、埃德富和考姆翁布大兴土木建造神庙，对这座千年古城的重视程度却不高。4世纪，罗马皇帝狄奥多西禁止信奉异教，底比斯永远地封存在了过去的辉煌当中。

向北方望去的穆特神庙

向东南方望去的祭司居所

由卡纳克向西南方望去的底比斯全景，以及卢克索神庙和仪仗大道

卢克索

毫无疑问，卢克索最伟大的建造者当数法老阿蒙诺菲斯三世和拉美西斯二世。但早在他们二人之前就已经有宗教建筑存在于此了。这些建筑共同构成了"阿蒙的花园"，即一种被称为"阿蒙的马罗（Marou d'Amon）"的休闲区。这座充满魅力的公园中坐落着凉亭，凉亭四周是一片果园、花团锦簇的花坛及葡萄园。仪仗队伍长久以来根据时间和行进方向的不同，于此地将底比斯三联神的神像装载上船或卸载下船。因此这里建立了许多小型建筑，这些建筑在一定程度上彼此通达。哈特舍普苏特建立了第一座重要祭坛，即卡纳克神庙南部的附属建筑，并开拓出一条走廊，走廊两侧有10处休息站供停靠圣舟使用。

这尊坐像于塞提一世统治的第9年在阿斯旺采石场制作而成。塞提一世不久后就与世长辞，其子拉美西斯二世把这尊坐像和另外三尊坐像安放在了塞提一世的神庙中

阿蒙诺菲斯三世决定大规模扩建这片地区，并在此建立神庙。准确地说，这座神庙由3个主要部分构成。

第一部分由众多房舍组成，被称作"阿蒙的后宫"，南部的尽头处便是至圣所。至圣所前有一座由12根圆柱搭成的列柱厅，大概象征着白天的12个小时，旁边还有侧室。偏北方是众多大型厅堂的所在地：一间用来放置阿蒙圣舟，这座厅堂后来在亚历山大大帝统治时期被改造了；一间是被称为"祭品之屋"的房间，里面圆柱的地基被截去，以便圣舟进入。"祭品之屋"的东侧是一间被称为"诞生间"的小房间，因为这里的墙壁上刻画着神的受孕、降生以及将阿蒙诺菲斯三世称为神之子的场面。"多柱厅"被罗马人改造为敞开式庭院，他们在此地举行祭拜皇帝和军团徽章的仪式。这一时期的壁画有一部分覆盖在了阿蒙诺菲斯三世独创的浮雕之上。整座建筑物的前面是一座由32根圆柱组成的多柱厅，其南面是3间用于放置底比斯三联神圣舟的礼拜堂，北面则是太阳庭院。

神庙的第二部分是一座宽52米、长48米的庭院，由96根以束状纸莎草图案装饰的圆柱围成——如果人们能注意到多柱厅里的柱子的话。这里至今还被认为是全埃及极为优雅的地方之一。

神庙的第三部分是一座封闭式的长形大厅，其中矗立着以倒钟形图案装饰的圆柱，北侧则是一扇大门。大厅中高21米的天花板可能是由阿蒙诺菲斯三世建造的，但却没有装饰。实际上，阿玛尔纳异教的出现不仅使得工程中断，还促使埃赫那吞系统地清除了碑铭上卡图什[1]当中阿蒙的名字。

这幅浮雕照片拍摄于美迪奈特·哈布神庙，浮雕中展现的是底比斯三联神中头部呈隼鹰形的圣子孔苏的圣舟。底比斯三联神的雕像在重大宗教节日期间被搬移出南部的神庙，穿过走廊，与穆特和阿蒙-拉的雕像在卡纳克的第二庭院中相会，随后仪仗队伍穿过举行典礼的列柱厅，走向码头。仪仗队伍共抬着5艘圣舟，其中一艘属于法老的生命力"卡"，一艘属于"孟图"（来自卡纳克北部的底比斯古代神），另外三艘分别是底比斯三联神阿蒙、穆特和孔苏的圣舟。陆路或水路队伍随后在欧派特节期间抵达卢克索神庙，或者在美丽的河谷节日期间抵达尼罗河左岸的神庙

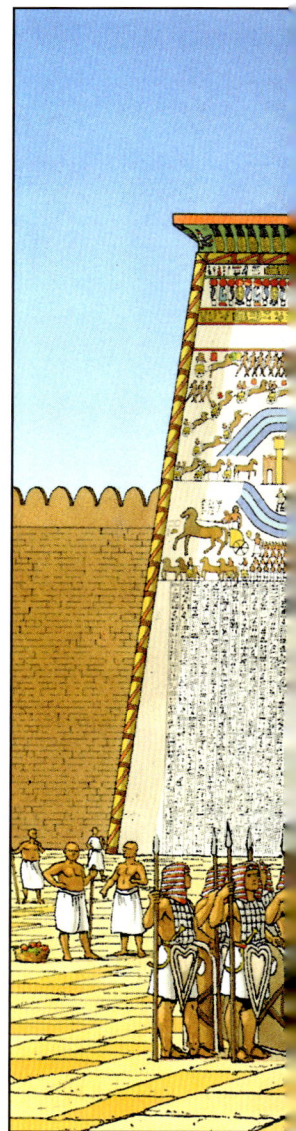

【1】卡图什是国王的王位名和出生名外面的一个圆圈，也叫王名圈。

这一特殊时期之后，年轻却大名鼎鼎的图坦卡蒙、昙花一现的祭司法老阿伊及郝列姆赫布相继对这座被遗弃的神庙进行了装饰。拆除阿吞神庙是这一时期的另一件大事，此后阿吞神庙遭到了遗弃，人们用阿吞神庙拆除后剩余的石块搭建其他建筑物，在卡纳克尤为如此。自那时起，越来越多的地方开始重复利用建筑材料。许多塔门，其中还包括卢克索拉美西斯二世的塔门，均是在匆忙间修建起来的，人们担心的是建筑能否完工，而不是建筑是否坚固，因此大部分塔门都在地震中轰然倒塌了。但是，卢克索塔门的坚固程度着实令人惊讶，在3000多年的岁月里为历朝历代所用。

　　拉美西斯二世是最负盛名的法老，他对于建筑的喜好如痴如醉，因此继续修建神庙。他建立了一座朝向北面的高大塔门和一座由列柱围成的庭院，并且在其中建造了一座含有哈特舍普苏特和图特摩斯三世元素的圣舟祭坛。他还在列柱间修建了11座站立的巨像，但其中一些是被阿蒙诺菲斯三世篡用的巨像。庭院的中轴线被向东移动，以便更好地承接从卡纳克延伸至此的仪仗道路。

　　欧派特节日和美丽的河谷节日的仪仗队伍均会抵达这座庭院——复原图详见第20页和第21页。可以确定的是，在一些朝代，圣舟会从拉美西斯二世的塔门进入，而在另一些朝代，圣舟会从码头对面朝西敞开的侧门进入。

拉美西斯二世塔门以及两尊损毁严重的大型法老坐像。塔门前矗立着和巴黎协和广场上一模一样的方尖碑

向南方望去的拉美西斯二世塔门

凡是携带上等供品和献祭之牛的人，都可以被引荐入内。

卢克索塔门高25米，宽65米，并有一条通向庭院列柱上方屋顶的楼梯。上了楼梯后只需穿过大门上的过梁就可以抵达巨大建筑物的顶端了。建筑物前矗立着6尊象征法老的巨像。这些高度超过15米的巨像围绕入口排列，但由于损毁极其严重，如今只剩下4尊。一些巨像被天主教徒锯开，因为他们认为这些雕像是邪恶的象征。广场上的两座粉红色花岗岩方尖碑由于高度不同，因而在厚度上被进行了裁切，这一手段使得方尖碑从远处看比例更加和谐。拉美西斯二世命人在这些巨石建筑的表面铭刻王室礼仪和称赞他的颂诗。

在卢克索塔门的正面（详见第18页和第19页插图），拉美西斯二世再次情不自禁地描绘了在叙利亚的卡迭石战役，这一战役已经在其他建筑上被多次详细描述，此次胜利打消了赫梯人向南发动进攻的计划。

塔门东侧的石台座象征着奥伦特斯河两条支流间的卡迭石要塞。法老从右侧作出进攻的姿态，而敌人溃不成军，被碾压在法老的战车之下，并被扔到河里。西侧的石台座象征着拉美西斯二世的军营，赫梯人的战车曾侵入这座军营，但是拉美西斯二世的战士们沉着应战，将敌人一一驱逐。另外，后备部队已然整装待发，并以强大的数量优势令敌军闻风丧胆。此外，法老在石台座左侧向军官发号施令。画面的下方刻有为法老歌功颂德的铭文。

实际上，当时年仅25岁的拉美西斯二世，向赫梯国王穆瓦塔利带领的敌军发起了进攻。大军共有5000人和2500辆战车，分为4队，相隔一段距离，相继行进，而拉美西斯二世则在最前方领军，4支队伍分别是：来自陪-拉美西斯的塞特神分队、来自孟菲斯的普塔神分队、来自赫利奥坡里斯的拉神分队，当然还有来自底比斯的阿蒙神分队。

向南方望去的阿蒙诺菲斯三世柱廊。图坦卡蒙命人精心装饰了墙面，再现了欧派特节的情景，塔门则是由阿伊和拉美西斯二世相继装饰雕刻的，但如今已几近消失了

这是一幅刻画在卡纳克神庙中央腓力三世的圣舟堂中的浮雕，仿照古老的图特摩斯三世祭坛雕刻而成。浮雕展示的是仪仗队伍和设有圣舟祭坛的停靠处。这类仪仗队伍每逢欧派特节便会从卡纳克行进至卢克索

向南方望去的拉美西斯二世大庭院

然而由于侦察兵的疏忽，拉美西斯二世并没有注意到穆瓦塔利巧妙地在卡迭石后方埋伏了一支军队。他中了敌军的诡计，将大营安扎在了奥伦特斯河的另一侧，并在原地等待第一分队，即阿蒙神分队赶来支援。实际上，拉神分队就在军营附近，普塔神分队离得比较远，而塞特神分队需驰骋一天便可以抵达大营。赫梯人的行为极其野蛮，他们从藏匿处出来，驾驶着大批战车向拉神分队的右侧猛攻过去，使得拉神分队人仰马翻、遭受重创，他们还侵占了拉美西斯二世的大营。拉美西斯二世虽然大发雷霆但依旧冷静思考，一鼓作气集结了一支强大的法老护卫队，开辟出了一条通道。

拉美西斯二世率军直冲敌人已后退的战车阵，并在惨败的敌人面前再次横渡奥伦特斯河。幸运的是，后两支分队及时赶到增援法老，赫梯人最终无能为力。埃及人失去了一支分队，但赫梯人却失去了大部分战车！法老的英勇弥补了战略上的不足，接下来需要做的就是建立和平的国家了。

拉美西斯二世去世以后，与卡纳克神庙的情况大不相同，卢克索神庙几乎没有再被扩建，这座神庙已经沦为普通建筑。奈克塔尼布一世用一道泥砖围墙将广场封闭，随后，亚历山大大帝来到埃及，他拥有敏锐的政治嗅觉，任命其兄弟腓力三世对历经时间和侵略摧残的底比斯古迹重新进行修缮。这位君主还为圣舟建造了祭坛。托勒密家族明显只是做了些许修复工程，并且放任祭司们就宗教礼拜仪式争斗不休。罗马人将已被祭司遗弃的圣殿改建为供奉罗马神的神庙。卢克索的情况正是如此。罗马皇帝哈德良在奈克塔尼布一世的围墙内建立了一座用于供奉塞拉比斯神的神庙，塞拉比斯是晚王朝时期一位类似于奥西里斯、阿匹斯、宙斯、阿斯克勒庇俄斯和狄俄尼索斯的神祇。在3世纪时，戴克里先将此地改造为设防的营地，于是这里只剩下西部和塔门西侧的几座遗迹了。这栋武装建筑为附近的神庙及城市带来了一个现代化的名字，阿拉伯语称为埃尔-乌克索尔（el-ouqsor），意为"防御工事"。埃及在罗马人的统治下成为拜占庭帝国的一个行省，埃及的科普特天主教徒在众多的"异教圣殿"中建造了教堂，仅卢克索就有5座！

7世纪，阿拉伯人占领了埃及。从那时起，穆斯林和科普特教徒共同生活在卢克索。但到8世纪中叶，拉美西斯二世的庭院内和教堂的废墟之上建立起了阿布·埃尔·哈加格清真寺，穆斯林获得了最高权力。16世纪最早发现卢克索神庙的西方人是一位勇敢的威尼斯人。1799年，拿破仑埃及科考队证实这座小镇的确曾经有所扩建，废墟内部的屋舍数量也有所增加。几年之

后，久负盛名的大卫·罗伯兹栩栩如生地描绘了尚埋在地下的卢克索神庙，并指出了塔门前方空地上西侧方尖碑曾经的所在地！素丹穆罕默德·阿里于1831年将这座奇妙的巨石建筑物赠予了法国。1836年，工程师勒巴将这座方尖碑从地上拔出并运往巴黎，如今这座方尖碑矗立在巴黎的协和广场上。作为回礼，法国国王路易·菲利普将一座大钟赠予素丹穆罕默德·阿里，而这座大钟则一直放置于开罗最重要的一座清真寺——穆罕默德·阿里清真寺的庭院里。

最终，考古学家奥古斯丁·马里埃特、加斯顿·马斯佩罗于1885年相继来到此地，尽管受到了当地人的强烈阻挠，但他们还是对这一带进行了发掘，发掘工程一直持续到1937年。只有第一庭院角落里的阿布·埃尔·哈加格清真寺还保留在原地。这片圣地见证了卢克索神庙奉献于宗教的3000年漫长岁月！

卢克索神庙第一庭院中的阿布·埃尔·哈加格清真寺

向西方望去的卢克索神庙

欧派特节

欧派特节是底比斯城一年一度最为盛大的节日。每逢此佳节，阿蒙-拉的神像便会和穆特、孔苏的神像一同被长长的仪仗队伍从位于卡纳克的居所迎送至卢克索神庙，而卢克索神庙也被称为"南方的后宫"。阿蒙-拉的神像端坐在饰有公羊头的圣舟上，而祭司们则肩扛圣舟前进。承载法老生命力"卡"的圣舟也一行进。而回程则取水路。庆典自9月河水涨至最高处时开始，持续11～24天。然而庆典的流程如今却无人知晓。举行这一节日的目的在于恢复阿蒙的繁育之力，以便阿蒙可以继续为埃及带来丰收与生命。

为了参加这一庆典，百姓从帝国各地纷至沓来。铭文记载，来到此地的百姓匍匐在"完美之神"，即阿蒙-拉的化身——法老的脚下。在甬道围墙后远观盛大游行的人几乎看不到仪式的任何细节。少数胆大的人则跑到斯芬克司雕像的石基旁，但这样做会破坏气氛。一般而言，观众们沿尼罗河右岸聚集，在参加庆典的同时等待底比斯三联神圣舟的到来。法老的船牵引着被称为"乌瑟哈特"的阿蒙圣舟前进，这艘圣舟装饰华丽，造船材料均是黎巴嫩上好的木材。而圣舟的修缮则有赖于同黎巴嫩王子的长期交易，埃及奇缺造船用的巨型树干，而黎巴嫩的王子则借此哄抬物价。观众们的热情并没有因为距离遥远而衰减。

乌瑟哈特圣舟的搬运过程

在斯芬克司大道上行进的欧派特节仪仗队伍

尼罗河上由法老船舰牵引的圣舟乌瑟哈特

根据现有资料，首位举行欧派特节庆典的法老是哈特舍普苏特，她同时还建造了一条放置着6座祭坛的仪仗大道。队伍在此停留，而庆典则由法老主持。继第十八王朝初期样式简朴的圣舟之后，拉美西斯家族想要建造极尽奢华的圣舟，以彰显王室风范。自这一时期开始，圣舟主要在尼罗河上行驶。

任凭时间流逝与朝代更迭，欧派特节却几乎毫无改变，节日的传统一直保留下来。每一位重要的法老都会在此建造祭坛，或者再建造出一艘比以往更加漂亮、更加庞大的船只。

法老奈克塔尼布一世重新建造了通向城市的大型甬道，从未到过上埃及的亚历山大大

在卢克索神庙阿蒙诺菲斯三世庭院中举行的欧派特节闭幕仪式

帝则下令修建了两座圣舟堂。这说明欧派特节在晚王朝时期仍具有重大意义及影响力。这一情况在托勒密家族的统治下有所改变，他们毫无眷恋地离开了底比斯，并将首都建在亚历山大里亚。一些法老执意建造巨型船舰，其中一些配有投石器的舰船实际只能滞留在工地上，因为以当时的人力操纵手段根本无法使船只航行。

在疯狂的造船风潮当中，法老托勒密四世菲洛帕特尔命建筑师建造的宝船尤为值得一提。这座漂浮的宫殿成功地将希腊式列柱和典型的埃及装饰元素融合起来，由50艘双桨船牵引，可以溯尼罗河而上抵达目的地底比斯。这艘船不仅奇特、奢华、规模庞大，还能震慑百姓和阿蒙祭司。这一系列过激的举动使希腊化时代的法老与百姓产生了疏离感，百姓一直将他们当作外国人看待。

托勒密四世的巨型宝船

考姆·埃尔−赫坦

此地以门农巨像而闻名，这些巨像孤零零地矗立在底比斯的尼罗河左岸。它们在古时曾经坐落于阿蒙诺菲斯三世葬祭庙第一塔门的入口处，而这座葬祭庙也是底比斯墓地"千秋神庙"中规模最大的。只有几座遗迹还埋藏于这片损毁严重的地区之下，而系统的发掘工程也在前些年展开了。

阿蒙诺菲斯三世即位后继承了一个强大的埃及，在新王国初期，最早的阿蒙诺菲斯家族和图特摩斯家族的统治巩固了埃及的势力范围。埃及的财富足够让阿蒙诺菲斯三世大兴土木，尽管举国上下都在施工，但埃及的艺术依然发展到了至臻的境界。因此，阿蒙祭司权力的所在地卡纳克得以重整，在哈特舍普苏特小礼拜堂的位置建立起了卢克索神庙，在底比斯之巅（一座山峰，后文有详解）山脚下的玛尔格塔（Malgatta）建立了一座王室宫殿，而沙漠山口处也开凿了一座供王室消遣的湖泊。孟菲斯、索勒布和努比亚由于受到法老的重视而发展迅速。但在他的统治下建立起来的考姆·埃尔−赫坦葬祭庙尽管规模最大，却最不具知名度。

刻画在门农巨像底座上的浮雕塞玛·塔维（Sema Taouy），象征着上埃及与下埃及的统一

这片圣地上建造着阿蒙诺菲斯三世用于祭奠阿蒙−拉的神庙，神庙的规模大概和卡纳克神庙一样，但存在的时间却相对短暂。这座神庙建在了肥沃的平原之上，而"千秋神庙"中的其他庙宇则建在了沙漠的边缘，这种安排可能是出于宗教的原因（每年洪水的到来会淹没这些建筑的庭院和塔门，洪水退去之后，这些建筑物和雕像便又神奇地重新显现出来）。但也有可能是出于其他更简单的原因。建

这尊阿蒙诺菲斯三世的雕像成形于其执政末期，而雕像呈现的是他年轻时的理想样貌。法老站在滑橇之上，头戴象征上埃及和下埃及的双王冠。这一伟大的杰作埋藏于卢克索神庙的庭院之中，于1989年被人发掘出来，而此前始终与世隔绝，现存于卢克索博物馆

筑群长700米、宽550米，面积广阔。这片地区几乎没有不利于修建建筑物的缺陷。建筑群囊括了圣湖、菜地、仓库、用以供奉孟菲斯神祇普塔－索卡尔－奥西里斯的神庙。这座神庙于埃赫那吞在位时被重新修缮。埃赫那

向南方望去的俯瞰图。图中左侧是门农巨像。在右侧的树丛中可以看到三座塔门后的列柱厅中矗立的石碑。插图中，前面是拉美修姆废墟

吞是阿蒙诺菲斯三世的儿子，他放弃了对底比斯神阿蒙的崇拜。三座由泥砖建造的塔门和一座由岩石建造的神庙主体均没有经受住于美楞普塔统治时期爆发的大地震，美楞普塔则是拉美西斯二世的继承者。神庙建筑在地震中严重损毁了，美楞普塔重新使用地震中损毁的建筑材料，在附近建造了自己的葬祭庙。神庙随后屡屡遭遇劫掠，地上地下的大批雕像被洗劫一空。只剩下入口处的两尊巨像还傲然屹立着，然而这里曾经还矗立着神庙的第一塔门。

　　门农巨像的名字来源于希腊人对于历史悠久的巨型雕像的崇拜。实际上是因为北侧巨像的造型和门农极为相似，因而被人称为"门农"，而门

在神庙第二庭院中发现的半狮半鳄造型的斯芬克司石像。石像本应有一颗鳄鱼状的头颅

神庙中的节日庭院，也被称为太阳庭院。以纸莎草图案装饰的列柱底座和高9米的石碑被发掘了出来

阿蒙诺菲斯三世巨像的后身是3座砖制塔门。后人在庭院的地下发现了第二塔门前的巨像碎块

葬祭庙，在底比斯圣地有一座自己的雕像。他像伊姆霍特普一样被奉为智者，并在下埃及被尊奉为治愈之神。门农巨像由整块坚硬的红色石英岩雕刻而成，重700～800吨，底座至双王冠的距离为21米，合古埃及度量衡中的40腕尺[1]。根据斯特拉波的观点，门农巨像于前27年由于一场地震而损毁，又于199年罗马皇帝戴克里先统治时期被重新修缮粉刷。巨像的头部被放置回原位，倒在地上的石块被重新制成了雕像的上半身。但从那时起，巨像于黎明时分不再吟唱了。如今，巨像的底座已有部分埋入土中，而古时的地平面要比如今低两米左右。这些屹立了近3350年的雕像由于逐渐损毁而成为了修缮的对象。

厚厚的土层之下还保留着几座遗迹和一些神庙的地基。自21世纪初期，埃及学家霍里润·萨鲁齐安和他的团队坚持不懈地对考姆·埃尔-赫坦的土地进行发掘，以探寻神庙的构造。矗立于第二和第三塔门前的巨像如今已重见天日，他们的付出得到了回报。他们还将太阳庭院中发掘的立式法老雕像搬移至地面，也在一片植被丛生的土地下找到了庭院中以束状纸莎

农则是埃塞俄比亚的一位国王，在特洛伊战争中被阿喀琉斯所杀。门农同时也是曙光之神厄俄斯之子，每当早晨太阳升起来的时候，由于昼夜温差较大，巨像开裂的部分便会发出哀怨之声。每日的黎明便以此唤醒门农，而门农的名字也被保留了下来，始终是两尊巨像的大名。实际上，这些巨像是由船只从开罗附近的采石场运至此地的，它们象征着法老阿蒙诺菲斯三世。而运输工作正是由建筑师阿蒙霍特普负责的。这位伟大的建筑师为法老建造建筑物，作为回报，他在考姆·埃尔-赫坦后获得一座属于自己的

　【1】古代长度单位，指从肘部到中指指尖的长度，约等于0.5米。

草图案装饰的列柱底座。这座庭院前可能还有一条斯芬克司大道。神庙后方坐落着列柱厅和用以祭祀底比斯三联神的圣殿，但还没有被完全发掘出来。他们在地下发现了精致的法老雕像和神雕像；在神庙破损墙壁形成的地陷处发现了斯芬克司雕像、或站或坐的法老和王后巨像，以及白色的河马雕像和十余座狮子女神赛克迈特的雕像。未来一定还有更多的惊喜等待考古学家发现，要深入了解这座规模庞大的宗教建筑群还有大量的工作需要完成。而长远的目标则是要保护好这些遗迹并将其发扬光大，因为无论是被忽视的遗迹还是举世闻名的遗迹都有其自身价值。

门农巨像，背景是底比斯之巅。巨像腿部布满了希腊罗马时期的雕刻

太阳庭院前极有可能存在的斯芬克司大道

向西方望去的阿蒙诺菲斯三世神庙全景。神庙如今已经损毁，图片呈现的是复原景象。图中尽头是阿蒙霍特普葬祭庙。前景中的两座雕像是门农巨像。右侧是普塔-索卡尔-奥西里斯的神庙

美迪奈特·哈布

拉美西斯三世的"千秋神庙"坐落于底比斯左岸，它是埃及南端的神庙之一，也是新王国时期的法老为其陵寝配套建造的葬祭庙中保存最为完好的。尼罗河左岸实际上是埋葬死者的地区，即底比斯的大型陵墓。

早在图特摩斯三世和哈特舍普苏特统治时期，美迪奈特·哈布就被奉为了圣地。此地有一座德耶梅阿蒙的小型神庙。这座神庙在美丽的河谷节日期间用来放置阿蒙的圣舟。相传，阿蒙于此地从虚无中现身并降临到世间第一座小丘（"原始丘"）之上，世界因此而诞生。在埃塞俄比亚人统治时期，法老沙巴卡下令将其扩建，为它建造了一座小型塔门。此后历朝历代，神庙均发生了改变，而托勒密家族还摧毁了拉美西斯三世所建围墙的一部分，以便在围墙前建立一座大型塔门和一座由栏墙围起来的柱廊。托勒密家族并未完成这一规划，而罗马人却将这座新建筑群的广场用墙围住，划分出了一座庭院，此举说明，这里历经几个世纪依然是圣地。因为美丽的河谷节日的仪仗队伍会途经其墓葬地区的德耶梅阿蒙神庙，因此拉美西斯三世也想参与到仪式中来。"千秋神庙"有许多功能。这些葬祭庙是为祭奠法老而建造的，与帝王谷的陵寝共同组成一个整体。同时这些神庙也是纪念堂——法老的丰功伟绩被记载于此。最后，这些建筑同样有着宗教上的象征意义，它们还是用于供奉神祇的神庙，比如美迪奈特·哈布供奉着底比斯三联神。此地全年不是进行日常礼拜就是举行节日庆典。新王国时期最后一位伟大的法老拉美西斯三世想要使他的神庙免受著名的"海上民族"或利比亚掠夺者的扫荡。因此，他在美迪奈特·哈布建立了一座大型的泥砖围墙，并在前面加盖了一座石制雉堞墙。通向内部的道路被保护起来后，他还在东南方建立了一道具有防御功能的大门，而这座门的特殊

神庙第二庭院中的列柱。这些建造于32个世纪前的柱子由于深埋地下，色泽完好地保留了下来。人们可以在第二根柱子上看到阿蒙-拉

法老在宫殿中通过"显圣之窗"分发奖励，这扇窗面向神庙的第一庭院敞开

向南方望去的美迪奈特·哈布。由左至右分别是神域的入口、图特摩斯葬祭庙和侍奉阿蒙神的高阶女祭司所使用的礼拜堂，随后是拉美西斯三世的"千秋神庙"。图中也能看到大型泥砖围墙的遗址。后面的小山是阿蒙诺菲斯三世在玛尔格塔宫殿旁开掘人工湖时挖出的填土堆积而成的

之处在于它是按照亚洲堡垒的样式建造的。在这片区域的内部，神庙主体周围有许多泥砖搭成的附属建筑，包括仓库、祭司居所、王室举行仪式的宫殿，有时法老在盛大节日期间还会下榻于宫殿之中。圣湖和众多的尼罗河水位计除了具有宗教意义以外，还在给水方面发挥着实际作用。土制塔门前是一座建造于前7世纪的小型礼拜堂，当时供信仰阿蒙的女性崇拜者使用，如今已化为乌有。

拉美西斯三世的神庙呈现出简约的古典风格，其建筑灵感来源于拉美修姆。两座塔门通向两座相互连接的庭院。这些建筑至今保存完好。第一座庭院南部矗立着柱头以盛开的纸莎草图案装饰的列柱，这些圆柱是新王国时期的典型建筑之一，而且仍保留着鲜艳的彩色纹路。北侧矗立的7座雕刻有巨像的柱石代表着奥西里斯化的拉美西斯三世。第二座庭院损毁较为严重，其中两尊呈坐姿的法老巨像已经不复存在。将这座庭院分隔开来的双重柱廊位于西北侧，柱廊由奥西里斯巨像和一系列以纸莎草图案装饰的美丽圆柱围绕。斜坡通向神庙中只有祭司才能进入的神圣区域。正如大多数宗教建筑一样，穿过一系列厅堂便可抵达圣殿，圣殿中没有建造内中堂，而是摆放着阿蒙圣舟。因为天主教徒在修建房屋时将此地作为采石场使用，实际上可以认为他们建造的是一座城市（德耶梅），因此这片神庙区域如今损毁严重。

高塔，拉美西斯三世葬祭庙区的入口

美迪奈特·哈布神庙。在拉美西斯三世神庙之前，德耶梅阿蒙神庙及其希腊罗马时期的入口。图中右侧是阿伊和郝列姆赫布的葬祭庙

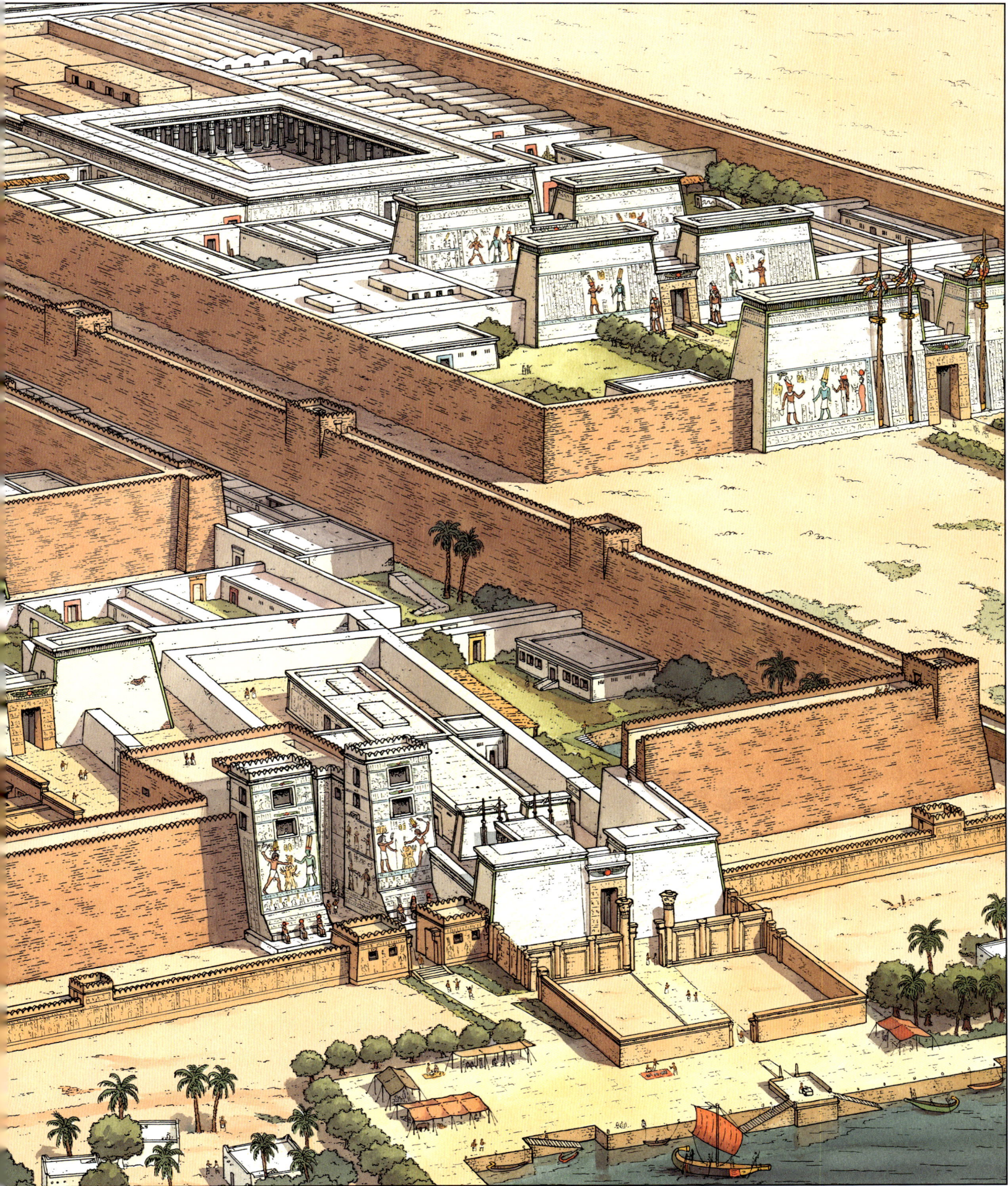

图特摩斯建立的德耶梅阿蒙神庙外部长廊

许多房屋分布于中轴线两侧，其中包括了太阳建筑群、珍宝库和地下密室。神庙东北侧外墙上的浮雕描绘了战争场面，即对抗利比亚人的战役以及由埃及人发起的对抗"海上民族"的海战。"海上民族"是因遭受饥荒而逃离安纳托利亚的若干民族的统称。这一族群扫荡了赫梯帝国、塞浦路斯和乌加里特，并企图攻占埃及这片沃土，而埃及向来受到各地侵略者的觊觎。拉美西斯三世击退了敌人，保持了国家的完整，但其统治最终却由于内部纷争、罢工和阴谋而终结。他在一场宫廷政变中被人暗杀，而8位能够即位的王位候选人却都不足以服众。埃及从此一蹶不振，整个国家陷入了长期的危机，权力被底比斯的大祭司和各种血统的王室家族所分割，埃及学家所说的第三中间期就此开始。下埃及地区则相继被亚述人、波斯人、希腊人和罗马人占领，成为侵略者国家的一部分。

第一庭院北侧的奥西里斯巨像

向西北方望去的第二庭院。两尊巨像如今已不复存在，只留下了基座

拉美修姆

拉美西斯二世在古尔纳建造了这座神庙，而古尔纳则位于底比斯左岸的底比斯之巅山脚下，是其"千秋神庙"其中的一座。这座神庙是用来供奉被尊为神明的法老和底比斯三联神的，并作为美丽的河谷节日期间放置阿蒙、穆特及孔苏圣舟的中途停靠站。如今神庙损毁严重，以碎裂的巨像而闻名于世，受到了商博良[1]的格外推崇，他将这座建筑命名为拉梅塞雍（Rhamesséion），其拉丁语为拉美修姆（Ramesséum）。

拉美西斯二世巨像的头部，这座雕像原本矗立于第二庭院当中。法老头戴内梅什巾冠及双王冠，双王冠由象征上埃及、下埃及的红白两冠组成

拉美西斯二世执政66年，是极负盛名的法老之一，他在埃及兴建了各种纪念性建筑物。他将首都迁至北部三角洲地区的新城陪-拉美西斯，但并没有忽视底比斯的发展。他继续在卡纳克、卢克索修建大型建筑物，并下令建造了拉美修姆，这座神庙被称为"阿蒙圣域内与底比斯结合的塞尔玛阿特拉·塞泰普恩拉的千年城堡"。此外，拉美西斯二世也在帝王谷中开掘了自己的陵寝。

新王国时期的法老们在距离其陵寝的不远处都建有各自的葬祭庙，葬祭庙中举行的王室典礼与当地的神关系密切。当地神指的是由阿蒙、穆特和孔苏组成的底比斯三联神。需要指出的是，"葬祭庙"这个名字通俗易懂，但含义却相对狭窄。在这些神庙里举行仪式的目的主要是巩固法老天赋的强大力量。例如，拉美修姆不仅是拉美西斯二世逝世以后举行丧葬仪式的地方，还是用来颂扬他在军事、政治、民生、宗教等方面的丰功伟绩的地方。此外，拉美修姆还是一座经济中心，负责分配土地及分发工钱，其仓库内聚集了大量财富，甚至建有书吏校舍、礼拜宫殿及众多附属建筑物。然而，这些神庙的主要功能是举行丧葬仪式和每年奉献祭品的仪式，所以我们习惯称其为"葬祭庙"。

拉美修姆。图中下方是汇入尼罗河的运河。左侧是图特摩斯四世的葬祭庙，右侧是阿蒙诺菲斯二世的葬祭庙

【1】让-弗朗索瓦·商博良（Jean-François Champollion，1790年12月23日—1832年3月4日），生于法国大革命时期的盖赫西地区的菲雅克，是法国著名历史学家、语言学家、埃及学家，是第一位破解古埃及象形文字结构并破译罗塞塔石碑的学者，从而成为埃及学的创始人，被后人称为"埃及学之父"。

玛米西，亦被称为拉美西斯二世神圣的诞生之屋

的南部建有一座双层柱廊，北部则是奥西里斯列柱，其建造灵感来源于美迪奈特·哈布。

庭院南部是一座用于举行法老仪式的宫殿，而如今只剩下断壁残垣了。

占据第一座庭院的主要是第二塔门和被称为"拉之子拉美西斯"的18米高花岗岩巨像。罗马时期的采石工人将这座巨像锯开，位于其右侧的法老母亲图伊的巨像也难逃厄运，雕像的面部被磨平。第二座庭院位于圣殿前，

拉美修姆的建造过程一气呵成，始建于拉美西斯二世登基的第二年，并于拉美西斯二世在位的第二十二年完工。因为要避开沃土与沙漠，因此建造地点选在了斜坡地段。如今的农田处曾经建有一座码头，用以迎接前来朝圣的船只，此后只要再穿过一段矮墙和一扇大门就可以进入圣域了。围墙的三面内侧建有斯芬克司大道，而第一座塔门则朝向东方而建。这座石制的塔门如今已有部分坍塌。塔门地垒正面的浮雕描绘了对抗赫梯人的卡迭石战役和大军远征的场面。第一座庭院东西两侧分别由奥西里斯列柱和以纸莎草图案装饰的柱廊围绕。墙壁上保留着关于卡迭石战役的美丽浮雕。两尊体积较小的法老坐像分置于通向列柱厅的楼梯两侧。其中一尊的上半身现藏于大英博物馆。这座大厅富丽堂皇，其中半数的陈设依然留在原地且保存完好。内中堂内起初建造了48根列柱，象征着生长纸莎草的原始沼泽。神庙深处的大部分区域已经不复存在，但还剩下一座"圣舟堂"，堂中的天花板以星辰图案装饰，并刻有与新年仪式直接相关的精确历法。用以供奉底比斯神和神化的拉美西斯二世的至圣所既神圣又神秘，祭品室、多座奥西里斯圣殿及太阳圣殿环绕在其四周。

向东南方望去的拉美修姆建筑群全景。插图中，前面是神庙仓库的拱顶，用泥砖搭成

用泥砖砌成的仓库，搭建时没有支架

神庙主体北侧矗立着一座玛米西，即法老的神圣诞生之地，其中供奉着拉美西斯二世的母亲图伊和他的妻子奈菲尔塔利。这座建筑是用来赞颂拉美西斯二世的神圣诞生的，而正是阿蒙神使他的母亲受孕。

神圣的建筑周围坐落着许多以石头这种"永恒的材料"建造的附属建筑，使得整片圣域更加完整：包括储藏室、仓库和各式各样由泥砖建造的居所，而且这些建筑全部留存至今。

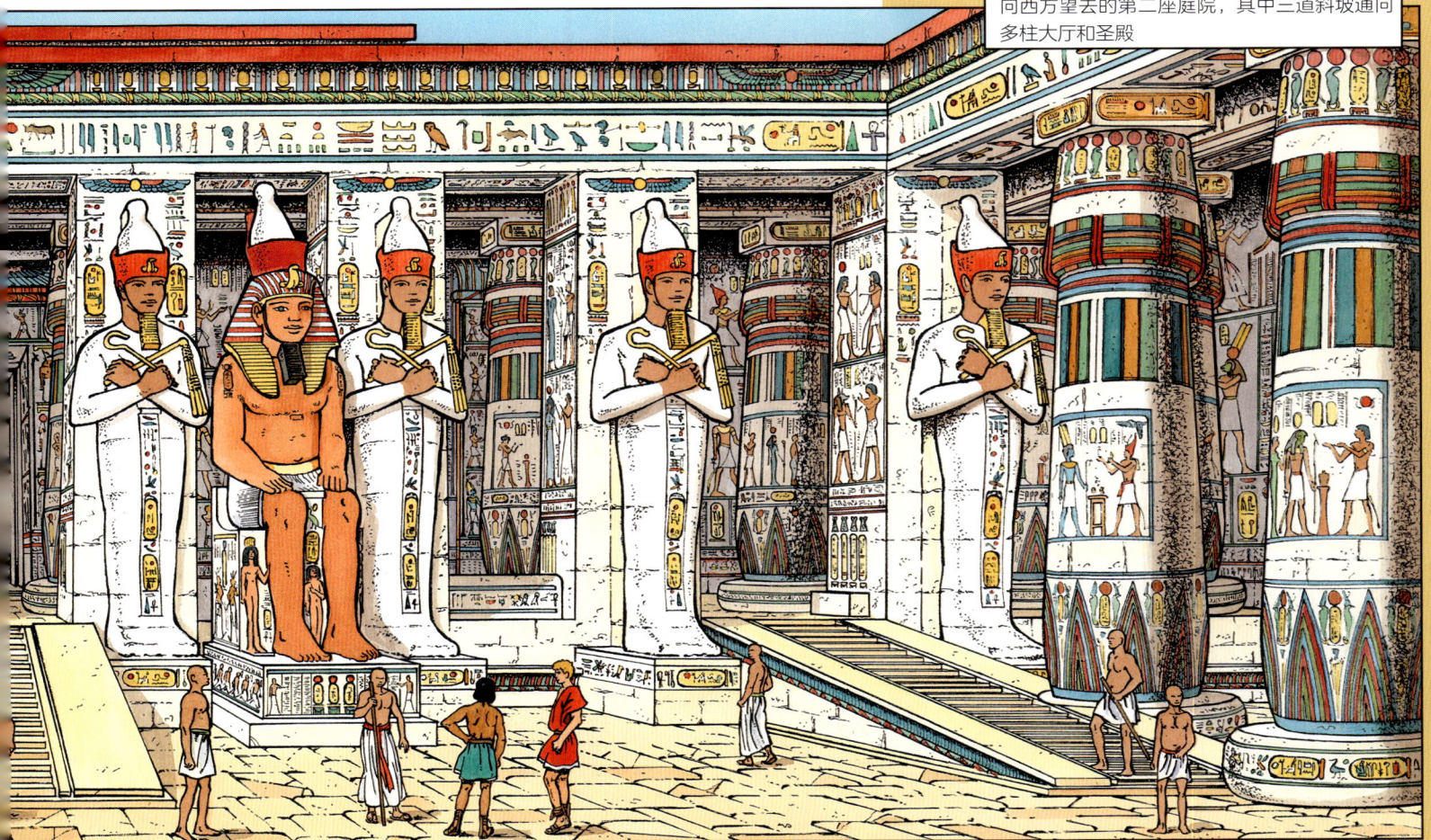
向西方望去的第二座庭院，其中三道斜坡通向多柱大厅和圣殿

第二座庭院中倒下的且已经破损的拉美西斯二世巨像。是否应将其扶正、整修，这一计划引发了一场论战，一些人认为保持巨像现在的状态是最合理的，残破的巨像为这片废墟带来了浪漫气息

人们借由多柱大厅中圆柱柱头的彩色纹路，可以了解到埃及神庙的彩绘方式

新王国时期末期，圣域的部分区域已被抛弃，随后这些地方成为晚王朝时期的陵墓。根据前1世纪的古希腊历史学家西西里的狄奥多拉斯记载，当时这座建筑依然存在，并且被命名为"奥什曼第阿斯的陵寝"，这是拉美西斯二世王位名（乌塞尔玛阿特拉）的希腊语形式。在希腊罗马时期，这座建筑被称为"门农"，并被用作采石场。拆卸下的石块主要用来建造美迪奈特·哈布。1世纪的几场强烈地震使建筑的余下部分损毁严重，第一塔门大概也是在此时倒塌的，但如今人们还有重建这座塔门的计划。拿破仑埃及科考队对此地非常感兴趣，而且商博良也游览过此地。关于拉美修姆的研究持续至今，这片神奇的土地仍有许多秘密等待人们探索。

遗憾的是，很少有游客会来这里参观。鉴于已经消失的列柱和墙壁有了即将复苏问世的迹象，这片地区重新引起了人们的注意，因为通过遗留下来的部分人们可以联想到建筑物曾经的雄伟规模。这座神庙着实值得人们深度游览，其中大量的精彩浮雕尤为值得一看。

第一座庭院中的巨像。左侧是法老母亲图伊的雕像，右侧是拉美西斯二世的巨像

拉美修姆神庙的多柱大厅

戴尔·埃尔-巴哈里

戴尔·埃尔-巴哈里的荒凉多岩圆谷位于卡纳克西侧的底比斯之巅山脚下。这片地区以如珍宝般灿烂的哈特舍普苏特葬祭庙而闻名，但此地也坐落着其他神圣建筑物。

当孟图霍特普二世决定在戴尔·埃尔-巴哈里建立陵寝时，此地早已有一座墓穴被用来举行祭拜女神哈索尔的仪式了。孟图霍特普二世是中王国时期的开创者，也是在第一中间期后统一了埃及的法老，他下令在底比斯之巅山脚下开凿陵寝，并加盖一座用以举行美丽的河谷节日的阿蒙神庙。他又在神庙前建造了一个建筑群，其中一座柱廊中林立着呈八边形或正方形的柱子。他还建造了一座大型广场，广场四周建有围墙，并延伸出一条仪仗大道，也可以称为车行道，通向一座位于农田边界的河谷庙。那里有一条汇入尼罗河的运河。圣殿前的区域被布置成了种有树木的花园，树下林立着许多王室雕像。神庙建在了一座雄伟的正方形建筑之上，而这座建筑厚重饱满，顶部平坦，使人联想到古王国时期的马斯塔巴石墓。马斯塔巴系长久以来应用于金字塔的建筑元素，它极有可能象征着从混沌之水努恩中浮现出来的原始丘。

5个世纪之后，哈特舍普苏特同样选在戴尔·埃尔-巴哈里建造葬祭庙。此后这里成了吸引众多朝圣者的圣地。她是第一位在帝王谷开凿陵寝的法老，陵寝的正对面就是峭壁，而她的圣殿正是依靠这座峭壁而建的。她的葬礼也是直接在山中举行的。虽然建造神庙的灵感部分来自孟图霍特普二世的神庙，但她的设计理念在埃及仍然独树一帜。一条行车大道将河

哈特舍普苏特身着法老服饰，头戴阿泰夫冠

哈特舍普苏特的太阳神祭坛。这里摆放着献给太阳神的祭品

谷庙与三面设有围墙的第一层平台相接。西侧则是由两道柱廊承载的第二层平台。墙壁上的浮雕描述了卡纳克神庙中两座阿斯旺花岗岩制成的方尖碑的建造过程。一座斜坡通向峭壁下的第二层平台，这层平台上同样有两道柱廊，列柱呈方形，精细的石灰岩壁上雕刻了其他图案，引人入胜。第一层平台列柱上的浮雕讲述了前往位于苏丹和埃塞俄比亚之间的蓬特的远行，制作焚香的没药、没药树、野生动物和各式香料就是从蓬特传入埃及的。而第二层平台列柱上的浮雕则描绘了阿蒙的化身图特摩斯一世使王后得以神圣地受孕的场景。南部则是哈索尔的大型礼拜堂，而哈索尔正是此地的原始神，亦是关怀逝者的西方世界女神。北部是用于供奉阿努比斯的礼拜堂，而阿努比斯是木乃伊守护神、冥府引导神。另有一道斜坡通向第三层平台，这层平台的正面矗立着24根石柱，柱子上装饰着身着奥西里斯服饰的哈特舍普苏特巨像。在这座柱廊后，是一座通往圣殿的大型列柱厅，里面的柱子均以凹槽装饰。开凿于山体中的圣殿用来放置阿蒙的圣舟。这座庭院的北面建有露天的太阳神建筑群，其中有一座用以供奉拉-哈拉凯悌的祭坛。庭院南面的三座厅堂展现了在位统治者的远大抱负。

向西北方望去的戴尔·埃尔-巴哈里荒凉圆谷。峭壁后方即帝王谷

从哈特舍普苏特神庙望到的孟图霍特普二世神庙景观

戴尔·埃尔·巴哈里建筑群全景。左侧是孟图霍特普二世神庙，上方是图特摩斯三世神庙，右侧是哈特舍普苏特神庙

神庙始终未能完工，而长久以来，继承王位的图特摩斯三世被哈特舍普苏特限制权力，他认为她是篡位者，因此在她的碑铭上刻下了标记。神庙的建造者森穆特命人在第一座平台之下为自己修建了一座陵寝，但这座陵寝却不幸倒塌了，他不得不另寻他处。

随后，拉美西斯二世在这座神庙中大量开采岩石，彻底摧毁了这里，但他也对一些铭文进行了修缮。哈特舍普苏特的声誉却一直未能恢复。在

托勒密时期，这里被改造成疗养院，病人们在此向治愈之神祷告。7世纪，废墟上建立起一座科普特修道院，这片地区如今的名字也由此而来——戴尔·埃尔-巴哈里意为"北方的修道院"。

作为埃及历史上伟大的征服者之一，图特摩斯三世在古老的孟图霍特普二世建筑群和哈特舍普苏特的建筑群之间建造了一座供奉阿蒙的神庙。阿蒙圣舟的祭坛从入口处的长斜坡开始占据了整栋建筑。每年美丽的河谷节日期间，阿蒙、穆特和孔苏的圣舟都会被一支长长的仪仗队伍从卡纳克运至此地，圣舟途经尼罗河左岸的每一个角落，重新使他们获得创造及行善的力量。这座建筑由于一次塌方而严重损毁，于第二十王朝时期被遗弃，成了一座采石场。

向西南方望去的哈特舍普苏特神庙。图中左侧是孟图霍特普二世神庙的遗迹

孟图霍特普二世的
奥西里斯圆柱

从哈特舍普苏特神庙望去的底比斯城日出景观

哈索尔礼拜堂中矗立的柱石。哈索尔是掌管欢乐及美丽的女神，在此呈现为一位长着母牛耳朵的女性形象

直到1964年，考古学家们才在旁边修道院的断壁残垣下发掘出了这座历经几个世纪的圣殿和其中的精致浮雕！

1881年，于戴尔·埃尔-巴哈里发掘的法老木乃伊密室堪称是最不可思议的发现。大祭司陵寝所在的峭壁上有一个洞穴，其中藏匿着许多伟大法老的木乃伊。第二十一王朝时期，祭司们在帝王谷法老陵寝被盗之后，将这些珍贵的遗体搬运至此保存。

原始多利安式立柱

古尔纳
塞提一世的葬祭庙

古尔纳这片地区虽然损毁严重，且经常被旅客排除在行程之外，但着实值得一去，只有到过这里，观赏拉美修姆的行程才称得上完整。古尔纳是由拉美西斯二世的父亲塞提一世建造的，是西底比斯地区"千秋神庙"中最靠北的一座神庙，位于通向帝王谷的道路之上。

如今这里的塔门已经损毁，但人们还能看到古尔纳神庙的主体和供奉阿蒙圣舟的祭坛，然而这些在拉美修姆都已经消失不见了。第二座庭院中的列柱同样经受住了时间的考验，得以保存下来。这座神庙还是留存至今建造于耕地边界上的神庙中最为古老的一座，而其他同类建筑早已被夷为平地了。第十八王朝时期的大多数法老的神庙已经在时间的洪流中损毁了，但还有一些神庙是由于其他法老为了从中获取建筑材料而被人为拆除的。其中一座规模最大的神庙，即位于考姆·埃尔-赫坦（Kôm el-Hettan）的阿蒙诺菲斯三世神庙只遗留下了门农巨像和几座有待发掘的遗迹而已。

也许，古尔纳神庙的两座塔门之所以损毁了，大概是采用了日晒砖这类并不坚固的建筑材料，而唯一使用了"永恒的材料"石头建造起来的神庙主体就留存至今了。

"塞提一世于西底比斯地区的光荣——千秋神庙"不仅是举行葬礼的地方，也是法老的纪念堂，而且还被用于供奉阿蒙神，美丽的河谷节日期间，仪仗队伍先是在这里停靠，我们已在前几章介绍了这一节日。神庙中有一片专供法老举行仪式的地区，这里不仅举行葬礼，还举行底比斯神赋

由神庙屋顶向下望去的饰以含苞待放的纸莎草图案的列柱，即第二座庭院中所谓"呈束状"的柱廊

予法老权力的仪式，以此将塞提一世与阿蒙乃至其他在此举行的仪式紧密联系在一起。发迹于三角洲地区的第十九王朝的统治者可能也想以这种方式表达对底比斯和上埃及的忠诚，以强化其统治地位。

这座修建于小丘之上的建筑呈现出了古典建筑风格，即包含两座塔门、两座庭院和一座圣殿。然而露天区域中曾经矗立的斯芬克司神像、雕像和石碑几乎没有留存下来。19世纪出土的文献中特别提到了消失的斯芬克司。神庙主体包含了南侧的列柱厅、用于放置来自卡纳克的阿蒙圣舟的祭坛以及用于祭奠塞提一世的父亲拉美西斯一世的礼拜堂。神庙北侧是用于供奉阿蒙-拉的太阳庭院，庭院的祭坛上摆放着祭品，阿蒙神像的影子随着太阳

船头以底比斯神圣动物公羊头装饰的阿蒙圣舟。祭司肩上用于扛圣舟的木棍依然清晰可见。神像则被放置于圣舟中央的小型内中堂当中

的移动投射在庭院墙壁上的不同方位。放置雕像的壁龛沿庭院而建。神庙尽头是矗立着四根圆柱的王位厅，其后是一座圣殿，圣殿西侧有一道假门，被人赋予了特殊的含义，据说已逝的先王可以通过这扇门走进神庙中接受人们的祭拜和享受祭品。塞提一世修建于帝王谷的陵寝距离此地不远，而举世闻名的帝王谷则位于西部圣山底比斯之巅的山脚下，底比斯之巅的山顶呈金字塔状。

高10米的围墙内是一座用于举行仪式的宫殿及其附属建筑，此外还有一座尼罗河水位计。勘探工程使这些几近遗失的建筑得以重见天日。这座王室宫殿是如今已知的同类型建筑中历史最为悠久的。然而这座宫殿并不是供在世的法老居住的，而是用于安置已逝法老的灵魂的。法老的灵魂栖居于雕像中，并且可以参与到在此举行的节日庆典当中。殿内同样建有一座类似于门的石碑，以便法老的灵魂能够在现世和彼世间来回穿梭。

第二十王朝末期，神庙中就不再举行塞提一世的丧葬仪式了。但此地直至罗马时期还一直举行着节日庆典和仪仗仪式。

美丽的河谷节日如同尼罗河右岸的欧派特节日一样，仪仗队伍抬着由卡纳克而来的阿蒙、穆特及孔苏圣舟游遍尼罗河左岸的所有神庙。神由此将权力与仁爱施与已逝的法老，这一仪式惠泽西部地区的所有墓地，无论王公贵族还是地位卑微的平民都可以受到神的庇佑。这一盛大节日广受欢迎，开始于每年春季，仪仗队伍途经城市并沿运河向埋葬逝者的圣地前行。美丽的河谷节日亦是底比斯一年一度重要的节日之一。

向东望去的塞提一世葬祭庙，位于今天的古尔纳中心。图中，我们可以看到重建的围墙、塔门和砖制附属建筑的轮廓

神庙中的圣殿，是建筑物中最为神秘的部分

在第一座庭院中向西方拍摄的照片。前方是第二座砖制塔门和石门的遗迹

向西方望去的塞提一世神庙，正值美丽的河谷节日的仪仗队伍游行期间。图中左侧
远方便是高耸于帝王谷之上的底比斯之巅

戴尔·埃尔-麦地那

在一座荒凉的山谷中，在底比斯之巅的山脚下，在卢克索的西边，坐落着一座工匠之村，这些工匠为新王国时期的法老们在帝王谷中开凿并装饰陵寝。而后，一座用于供奉哈索尔-玛阿特的神庙也在此平地而起。这里就是戴尔·埃尔-麦地那。

新王国时期早期的法老们决定在此建立一座村庄，供将要为法老、王后和其他王公贵族开凿陵寝的工人及工匠居住。这座村庄位于底比斯之巅的东侧山麓下，住在这里的工匠、艺术家和工人只需徒步山道便能很快抵达帝王谷和王后谷。已知最早的村庄遗迹可追溯至图特摩斯一世统治时期，但村庄实际上是在第十九王朝和第二十王朝时期发展壮大并达到最大规模的。阿蒙诺菲斯一世有可能是这座村庄的重要建设者，他在逝世后被人们当作祭拜的对象，成为守护陵墓的"圣主"。

戴尔·埃尔-麦地那在古时被称为"玛阿特广场"或"真理广场"，那里建有名为"法老陵寝"或干脆被称为"陵寝"的王室机构。村庄长135米、宽50米，四面由墙壁环绕，仅有一扇穿凿于围墙上的门通向外面，其中大约有68间房屋，不同时期可容纳60~120名工匠。三条小巷连接着所有的住宅，而住宅分为两种类型：南部是供工长居住的高档房屋，北部是用以收容工匠及其家人的较为简陋的房屋。这些房屋鳞次栉比，均是由石头和泥砖建造而成，外墙被粉刷为白色。房屋的面积为70~100平方米，因此并不影响舒适感。虽然住宅缺乏上下水通道，却配备了通风设施以应对炎热天气。每户家庭中的第一间房都比较昏暗，内有一座家用祭坛，用以供奉各类保护神，包括外形丑陋的贝斯神。接着便是面积更大的主厅，阳光射入窗户照亮房屋。天花板则处于更高的位置，由一根木质圆柱支撑。这是一间配备有软垫长椅的起居室，这种长椅与如今埃及传统家庭使用的马斯塔巴非常相似，而另一间较小的房间则是卧室，卧室地下是食物储藏室。最深处的小型露天庭院中建有一座配备着炉子、谷物储藏塔的厨房，有

一些戴尔·埃尔-麦地那工匠陵寝上建造的小型日晒砖制金字塔。金字塔东面有一座石碑。图中是现代人复原的金字塔

森内德杰姆的陵寝。图片象征着在白昼到来以前穿梭在黑夜中的拉的圣舟。站立于船只前端的是埃及的不死鸟——贝努鸟

时还配有一个地窖。登上扶梯可通向屋顶上布置好的平台。

戴尔·埃尔-麦地那是一片封闭的地区，只有参与陵寝开凿的工匠及其近亲可以在此居住。他们形成了可享受不同特权的官员等级制度，还可以获得足以安居乐业的实物报酬，并被免除了赋税。此外，还有几乎和奴隶同等地位的女佣服侍他们，埃及历法中以10天算作一周，而他们每周工作8天。村庄的人口通常在400人左右，其中包括妇女和儿童。多亏了在这里出土的大量文献，我们可以非常详细地了解到他们的日常生活，尤其是大量的陶片和岩石碎块，当时的人们在上面记录了生活的点点滴滴。在村庄北部发现了一口深50余米的井，发掘这口井的考古学家在其中找到了大量珍贵材料。工匠的另一项特权是可以在山谷的西侧山坡开凿、修葺属于自己的陵寝。20世纪初，一

些未曾被人发掘过的陵寝被重新发现，例如森内德杰姆的陵寝和哈（Khâ）的陵寝。这次勘探工程发掘出的大量物品均展出于都灵博物馆，那里的展品堪称是世界级的埃及展品。

戴尔·埃尔-麦地那的私人陵寝中同样刻画着美丽的图案，虽然这些图案基本上展示的还是与彼世生活有关的宗教题材，但比起法老陵寝中的图案，在形式上要更加活泼自然。53座装饰精美的墓葬几乎没有一座完好地保留下来，大部分墓葬中由泥砖建造的上层建筑都已不复存在，而上层建筑则包含了庭院及其后面的塔门、矗立着石碑的柱廊，和一座小型金字塔及其下方的墓葬礼拜堂。一口井通向了开凿在岩石上的陵寝。

这些基本上从后太古褶皱层出土的资料使我们了解了工匠、采石工、制图员、建筑师、木工、画家和守墓人等人的历史。分为左右"两队"的组织构架形式、工作时间安排、假期安排、病假情况、账簿、面包、啤酒、肉类和工具的供应情况这些信息都被后人详细知晓了。工程队通常在帝王谷中连续工作数日，住在山口处或帝王谷中搭建的简陋小屋内。工具和油灯的灯芯则由机构负责提供。"陵寝施工队"由监工管理，并配有一位助理和一位书吏协助他完成工作。

戴尔·埃尔-麦地那山谷，中间是工匠的村庄，左侧则是托勒密小型神庙的围墙。图片前景是平台上层层叠起的陵寝。照片是在通往帝王谷的道路上拍摄的，向东是古尔纳·穆哈依（Gournah Mouraï）山丘。人们推测在山丘后方的尼罗河谷耕地之上曾经有门农的巨像。关于戴尔·埃尔-麦地那村庄的画面请参见第62页和第63页

在戴尔·埃尔-麦地那陵墓中举行葬礼的场景

书吏负责监督同时开工的多项任务，因为地下工程的客观施工条件要求必须多项任务同时动工。任务和职业通常是父子相传，尽管如此，还会不时有新的成员加入到这一团体当中。这里的等级制度严明，且处于对法老负责的大臣的管控之下。从这个团队的组织模式可以看到当时社会的一个缩影，团队中的一些名字耳熟能详，比如拉美西斯二世统治时期大臣帕塞尔的代理人——书吏拉莫斯，或者监工帕奈普（Paneb）。帕奈普恐吓并抢劫村民，甚至奸污同村的妇女。此人卑鄙无耻，长期横行霸道，一次因盗窃王陵而被捕，职业生涯就此走到了终点。

在近400年的时间里，戴尔·埃尔-麦地那一直施工不断，但由于新王国末期最后一支拉美西斯家族状况频出，工程就此终结。例如，在拉美西斯三世统治时期，由于村庄常规的粮食供给中断，爆发了一场著名的罢工。工匠们在戴尔·埃尔-麦地那葬祭庙和拉美修姆葬祭庙前静坐示威提出抗议，得到"工钱"后才罢手。这是历史上第一起著名的罢工事件。约前1050年，底比斯地区遭受了装备精良的利比亚人的袭击与劫掠，由于这一地区远离位于三角洲地区的首都陪-拉美西斯，而长期处于动荡之中。腐败现象和盗墓行径也日益滋生。戴尔·埃尔-麦地那最终被抛弃，最后一批居民逃亡到了美迪奈特·哈布。

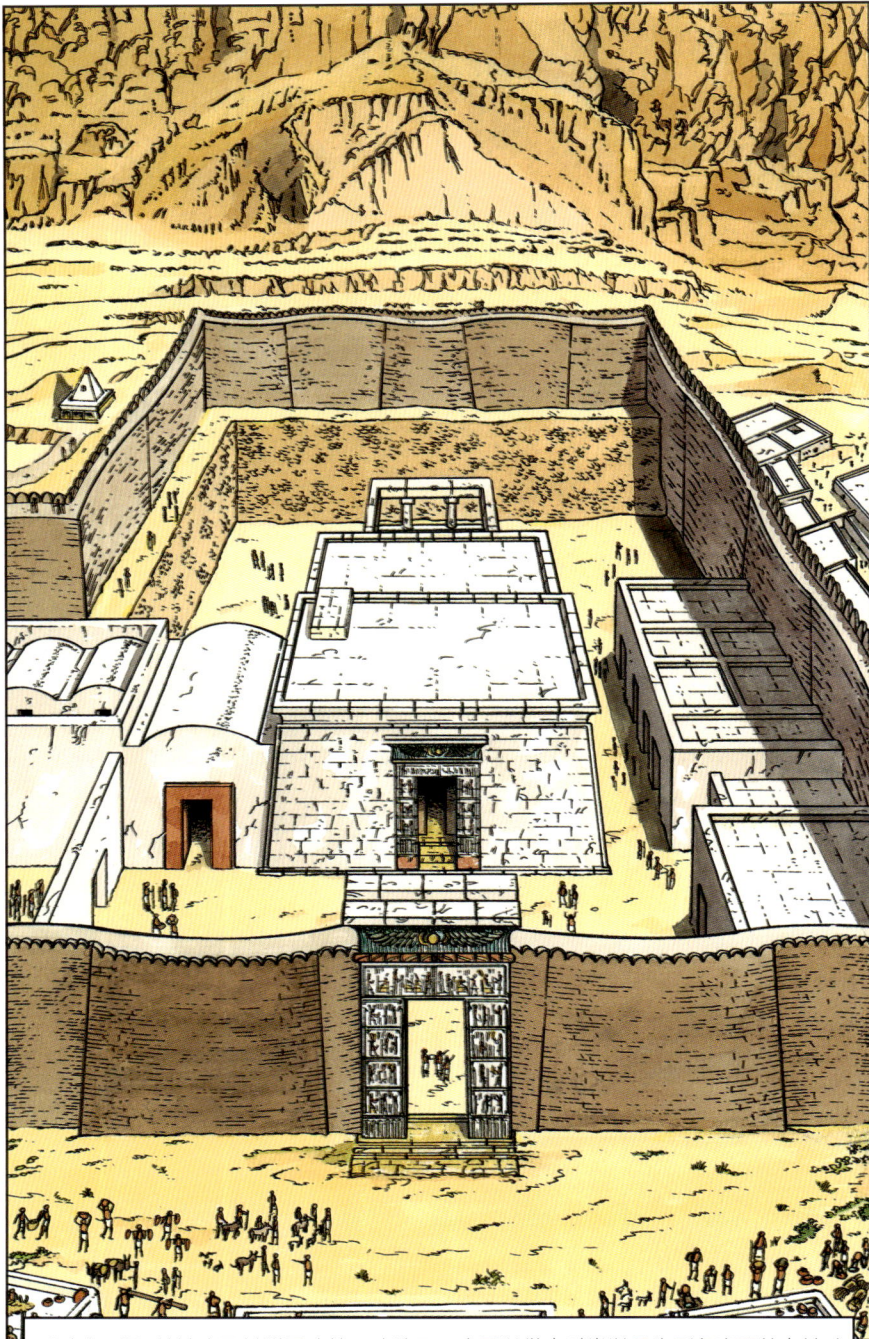

哈索尔-玛阿特神庙及其附属建筑，建造于一座用以供奉时常以母牛形象出现的女神哈索尔的圣穴旁边。其建造时间可追溯至希腊罗马时期

托勒密时期的哈索尔-玛阿特神庙及其附属建筑以及用泥砖建造的围墙

这座村庄之后又被人重新使用，于托勒密时期在戴尔·埃尔-麦地那山谷的山口处建立起了一座小型哈索尔神庙。

这座建造于拉美西斯三世葬祭庙附近的建筑堪称埃及历史晚期建筑中的一颗明珠，尽管村庄已被遗弃，但此地还举行着祭拜哈索尔的仪式。如今我们能够看到的建筑及其砖制围墙均始建于前240年，即托勒密四世统治时期，其装饰工程分别在托勒密时期和罗马时期相继进行，却始终没有完工。伟大的人物伊姆霍特普和阿蒙霍特普被奉为神明后，被供奉于其中一间房屋内。大部分的精美浮雕均与哈索尔有关，因为哈索尔不仅是西方的神，也是与太阳神拉有关的陵墓守护者，象征了死后的永恒生命。哈索尔在此与象征着宇宙真理及规则的神玛阿特结合在了一起。神庙保存得十分完好，哈索尔式壁柱、雕刻精美的窗户乃至整栋建筑都保持着最为完好的状态。尽管浮雕已有褪色，但依然吸引人们驻足观赏。这片地区在埃及传统宗教即将灭亡之时被科普特修道士改造成教堂及修道院，即使是在阿拉伯时期被以阿拉伯语称为"村庄修道院"的时候，这片地区依然充满着活力。

托勒密神庙内部，楼梯通向屋顶。穿过构造酷似"房间"的门廊便可抵达三座圣殿，图中右侧的门通往其中一座圣殿

工匠村庄的房屋，已在正文中详细描述

帝王谷

帝王谷是一座荒凉的干谷，大部分新王国时期的法老陵寝均建造于此。1922年，这里因发掘图坦卡蒙墓而举世闻名。如今，这里是卢克索乃至整个埃及极受欢迎的旅游胜地之一。

帝王谷位于底比斯左岸、距离尼罗河5000米处，埃及语意为"无垠沃土"，此处建造了60余座陵寝。这里之所以成为皇室墓葬群的所在地，原因众多。帝王谷距离当时的宗教中心——尼罗河右岸的底比斯很近，而埃及众法老也对金字塔被盗有所耳闻，因而欲寻得一片更加隐蔽、更易于管理的地区长眠。另一方面，此地的旁边即一座名为"底比斯之巅"的金字塔形山峰，这座山峰在新王国时期已经受到了人们的崇敬。不同于古王国时期的金字塔建筑群及底比斯的贵族陵寝，帝王谷的地下建筑并不建有葬祭庙，地下建筑的入口隐藏在沙土和瓦砾之下。尼罗河左岸的"千秋神庙"被当作葬祭庙使用，并与神庙中类似于门的石碑后隐藏着的陵寝紧密相连。已逝的先王可以随心所欲，穿过石碑假门重游现世，然后回到陵寝当中。隐蔽的陵寝直接开凿于象征着哈索尔腹部的山体之上，而哈索尔正是拥有重生之力且代表原始丘的神。这些陵墓的作用在于帮助已逝的先王度过死亡，在地狱的痛苦中超脱，以在天上重生，并在满天繁星中得享永生。因此，陵寝中布满了彩色的浮雕，再现了不同的墓葬文书，比如《亡灵书》及《地狱书》中的章节。这些文字与图画是已逝的先王在通往彼世的道路上战胜苦难的指南。埃及宗教对于死后生命的理解十分复杂，囿于篇幅就不在此赘述了，但终极目标是将法老身故时释放出的生命力"卡"保存完好。所以，必须妥善保存法老的遗体，不断完善的木乃伊制作技术也由此应运而生。法老身边同样要把在彼世所要用到的生活必需品放置齐全，例如家具、食物、护身符、雕像、圣物、武器及珠宝等。永恒不变的黄金被认为是神的肉体，因此可以永葆生

利比亚山脉，蔓延至撒哈拉沙漠及大西洋的沙漠山脊。图中通向帝王谷的道路清晰可见

命延续。但是，在陵寝中大量使用黄金会起到适得其反的效果，激起盗墓者的贪欲，进而加速了墓葬的损坏。通过图坦卡蒙陵寝出土的珍宝，我们便可以想象到法老陪葬品的规模。

哈特舍普苏特是在帝王谷开凿陵寝的第一个法老。此后的420年当中，陵寝在构造和规模上都发生了改变，面积逐渐增加，并且还增添了一条100余米长的墓道。陵寝的构造由弯曲变为笔直，但其中的设施基本没有改变：第一道阶梯、斜道、竖井、用圆柱支撑的各种墓室，以及通向墓室的阶梯，法老就长眠于墓室当中。法老的遗体由装饰精致的木棺、石棺和金棺层层保护。众多的附属房间中放置着法老死后漫长旅途中的必需品。法老自登基之时便着手修建陵墓，先是找到一块合适的地方，并在纸莎草和碎石块上绘制工程方案，而后戴尔·埃尔-麦地那的工匠就可以开工了。首先由配备着燧石镐和铜凿的采石工人开凿出地下空间。开凿陵寝时，需要不断地向外搬运石灰渣，而粉刷石膏和绘图的工匠则处在一种令人窒息的压抑气氛下工作，他们仅

向西方望去的帝王谷。山谷的中央即图坦卡蒙的陵寝，其上方是拉美西斯六世的陵寝

从底比斯之巅顶峰拍摄的帝王谷中央地区

能依靠油灯来照明，而且还要不时向油灯内撒盐，以防止火焰熄灭及产生烟灰。雕刻工和油漆工为装饰工程收尾，细木工匠在墓穴和墓道之间建造门。

法老死后，遗体被制成木乃伊送往陵寝，并自死亡之日起在其中停灵70天，之后会在陵墓入口处举行葬礼，即著名的"开口礼"，木乃伊借此可以恢复魂魄、享受祭品。哭丧妇们一边哀号痛哭，一边举行焚香仪式，仪式全程都伴随着经文祷告，礼毕法老的遗体被送入墓室。随后，在墓室中还要举行仪式，祭司们在其中放置好各种陪葬品后，再把入口封住，回填墓道。

陵墓往往在封闭不久后便会遭遇到第一次劫掠，图坦卡蒙的陵寝也不例外。有时候，不久前封住陵寝的人会做出如此亵渎的举动，但是麦德察人会在这片陵区巡视守备。在新王国末期，即拉美西斯家族最后一批法老统治时期，帝王谷时常被盗，这是由当权者与盗墓者串通合谋导致的。由于皇权的衰退，国家面对内忧外患，而且爆发了经济危机，古代法老王陵中巨额的陪葬品遭到频繁劫掠。王室木乃伊被盗墓者剖开，木乃伊身上携带的首饰、护身符和珍宝被洗劫一空。夺得大权的阿蒙大祭司将山谷中一些陵寝里被亵渎的木乃伊聚集起来。前1070年，赫利霍尔对木乃伊进行

了修复，并将木乃伊搬运到两处藏匿点，最重要的一处藏匿地点位于戴尔·埃尔-巴哈里圆谷峭壁上隐蔽陵寝之中，而另一处藏匿地点则位于阿蒙诺菲斯二世的陵寝之中。这一过程大约发生于第三中间期初期西阿蒙（前978—前959年）统治时期。

帝王谷又重新恢复了平静，罕见而至的倾盆大雨使泥浆和石灰渣堵住了陵寝。希腊和罗马的游人相继来到此地观光并雕刻下了印记，古典作家们也对帝王谷进行过描写。

拿破仑埃及科考队只发现了12座陵寝的入口，而贝尔佐尼于1817年又发现了最为壮观的王陵——塞提一世的陵寝。1881年，加斯顿·马斯佩罗发现了位于戴尔·埃尔-巴哈里的王室木乃伊藏匿地点，并发掘了一批伟大的法老的木乃伊。他将木乃伊运至开罗，如今一些木乃伊仍在埃及博物馆中展出。毫无疑问的是，1922年发掘出的图坦卡蒙陵寝是帝王谷最重要的发现，而这座陵寝几乎与世隔绝。在主持此次发掘的霍华德·卡特的不懈努力和卡纳翁勋爵的资金支持下，这些沉寂了3200年的传奇珍宝终于重见天日！这一事件引起了全世界的轰动，报道登上了大小报刊的头条，众多对埃及文明感兴趣的人纷至沓来，尤其在卡纳翁勋爵死后，人们对于所谓"法老诅咒"更加狂热。

在那之后，考古学家又发掘了三座陵墓，一座是1995年美国人肯特·威克斯发现的拉美西斯二世子女们的陵墓。随后是2006年由奥托·谢登带领的美国孟菲斯大学科考队发现的陵墓，实际上这并不是一座王陵，而是一座朴素的房间，其中放置着七口石棺和一些器皿。第三座陵墓是2011年由瑞士巴塞尔大学的苏珊·比克尔和艾琳娜·保兰-格罗特发现的。这座陵墓属于一位曾在卡纳克神庙中歌颂阿蒙的女歌者，而这位女歌者则生于第二十二王朝时期。这几大重要发现重燃了人们探寻帝王谷其他陵墓的热情。

在尼罗河上拍摄的底比斯之巅

塞提一世陵墓的开凿及装饰工程。图中右侧，在墓室下是一口深120米的深井（尚未完全探明），可能直达尼罗河谷的含水层

王室陵墓的开凿及装饰工程

前1323年3月在帝王谷中举行的图坦卡蒙葬礼。新即位的法老阿伊为图坦卡蒙的石棺进行了开口仪式

新王国时期末期逮捕盗墓者的情景

王后谷

　　王后谷与帝王谷建造于同一时期，其名字为"Ta Set Néférou"，在古埃及语中是"美丽的地方"之意。王后谷位于底比斯之巅山脊下的荒凉山谷中，距离戴尔·埃尔-麦地那村庄不远，这里是安葬新王国时期王后及王室子孙的墓地，同时也埋葬了晚王朝时期的王室成员。此地共发现了90座陵墓，其中包括拉美西斯二世的妻子奈菲尔塔利的陵墓。这座著名的陵墓于1904年由意大利考古学家埃内斯托·夏帕雷利发掘。20世纪90年代，陵墓中精美的绘画得到了修复，但如今这座陵墓由于需要保护而不对公众开放。不幸的是，许多陵墓都因为盗墓、建筑材料品质较差以及偶尔的干谷降雨积水而损毁。王后谷处于女神哈索尔的保护之下，而哈索尔是掌管美丽、欢乐、富饶以及彼世重生的女神。如今人们可以观赏到许多陵墓，包括拉美西斯三世之子的陵墓。其中哈姆瓦塞特（Khaemouaset）和阿蒙海尔海佩舍夫（Amonherkhépeshef）的陵墓尤为值得一看。骑车或开车通过美迪奈特·哈布后的一条道路便可以抵达王后谷，古时由戴尔·埃尔-麦地那工匠村庄通向王后谷的小径如今也依然存在。经由这条道路，游客们将途经用于供奉底比斯之巅"喜欢沉默的人"的蛇女神梅莱特·瑟哥的圣殿，并且能够欣赏到圣殿中放置的原本雕刻于岩石上的石碑。这的确是一条通向王后谷的美丽道路。

王后谷向游客开放的陵墓的入口

王后谷的中央区域及底比斯之巅

哈姆瓦塞特陵墓中刻画着拉美西斯二世和舒神的浮雕

向南方望去的王后谷

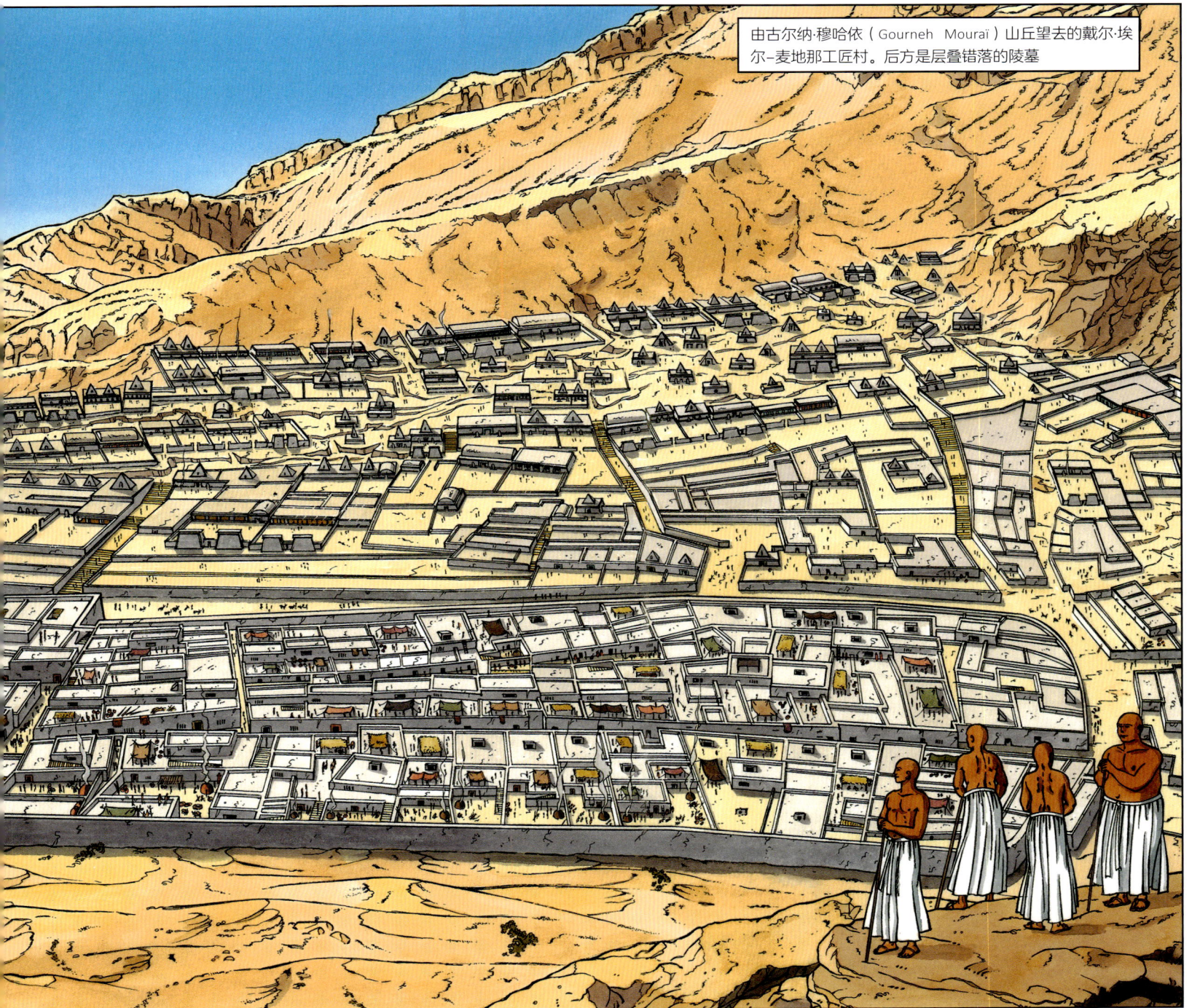
由古尔纳·穆哈依（Gourneh Mouraï）山丘望去的戴尔·埃尔–麦地那工匠村。后方是层叠错落的陵墓

"时光传奇"系列丛书的埃及部分共分两册。《埃及之漫游尼罗河》中，我们介绍了这条神圣河流沿岸的各大遗址，并整理出一份世界各地保存着古埃及文物的博物馆清单。由于本册书篇幅有限，我们只能向读者介绍与底比斯地区有关的几家博物馆的展品。

许多游客来到卢克索只是匆匆一瞥，走马观花似的游览卡纳克神庙、卢克索神庙和帝王谷这些必经之处后，便登上游船继续旅程，或由此返回古尔代盖海滩。殊不知，这座城、这片土地，是非常值得驻足欣赏的。您要是想游览这里的名胜古迹，一周的时间勉强足够。卢克索的酒店业发展蓬勃，因此您大可以将其作为旅途的大本营，再出发前往帝王谷、埃德富、伊斯纳、埃尔-卡伯、丹德拉和阿拜多斯等其他可以一日毕的景点，抑或由此前往中埃及、阿斯旺和红海等地。

卡纳克遗址本身就值得细心欣赏，位于遗址城墙西北角的露天博物馆更是值得游客驻足——博物馆从卡纳克神庙第一个庭院处便可进入。神庙里的神殿和其他建筑结构均为重新修建，如森努塞尔特一世的白色神殿：待到被发掘出土时，这座举世闻名的神殿早已成为另一座年轻塔门的一部分了。于是，人们在原址将其重建。遗迹中大量的砖石、雕像等建筑元素令游人兴趣盎然，尤其是哈特舍普苏特红色神殿中所描绘的节日游行场面。如果您真的计划来一次阿蒙神庙之旅，我们建议您避开常规的庙宇线路——那里游客过于密集；在这片供奉阿蒙的神域探索一番：神庙南有圣湖、奥西里斯与孔苏的小型神庙和施藏之门，南北中轴线上建有塔门，东侧矗立着倾听祈祷的阿蒙神庙，北边则有托勒密王朝的普塔小神庙。各处特色各异，精彩纷呈，定不会令喜欢猎奇、脚力轻健的您失望。

卡纳克神庙和卢克索神庙之间有一条神道（仪式专用道），书中已有所介绍。近年，这条神道的疏通工作已基本完成，人们可以沿着这条神道漫步2000米，除非您更喜欢穿过沿着尼罗河修建的大道，前往卢克索博物馆参观。卢克索博物馆虽规模不大，却汇聚了底比斯最精美的历史文物。

卢克索神庙也同样不容错过。神庙昼夜开放，而且就在公共广场旁边，神庙的东西两侧围墙内还保留着罗马军营遗址。游客也可以参观拉美西斯二世石柱旁边的阿布·埃尔·哈加格清真寺。当然，在游览这些宗教圣地时，游客应心怀敬意。

参观结束后，游客们可前往卢克索神庙不远处的露天市场购物游览。在此，我们向您隆重推荐两家书店，其中有许多介绍古埃及和现代埃及的书籍：一个是阿布迪书屋（Aboudi Bookstore），就在卢克索神庙（和麦当劳）旁边；另一个是嘉迪士书屋（Gaddis books），位于神庙南侧200米处的老冬宫宾馆（l'hôtel Old Winter Palace）地下，卡纳翁勋爵在发掘图坦卡蒙神庙的时候曾入住此酒店。感兴趣的读者还可以在那里购买旅游指南和相关图书，其中肯特·R. 威克斯（Kent R. Weeks）的《卢克索全彩指南——神庙、陵寝与博物馆》（Guide illustré de Louxor, Tombes, Temples et Musées, White Star Publishing）是翔实全面的指南。

本书中所介绍的均是深得游客欢迎的景点。您不妨乘游船徜徉尼罗河左岸，然后再租辆自行车，开启一场冒险之旅；也可以在码头登岸后乘坐出租车（注意一定要讲价）游览底比斯古墓群的各个景点。最吸引人眼球的一定是门农巨像（详见考姆·埃尔-赫坦），矗立在通往景区售票处的大路上。除了哈特舍普苏特神庙（戴尔·埃尔-巴哈里葬祭庙）、拉美姆姆葬祭庙和帝王谷这几处绝对不可错过的经典项目之外，我们还强烈推荐您深度游览美迪奈特·哈布（拉美西斯三世）葬祭庙、王后谷、麦地那工匠村、后期的哈索尔神庙，以及参与发掘帝王谷与王后谷的工匠之墓。古尔纳的贵族墓区也是一处妙趣横生的景点，那里的莱克米尔（Rekhmirê）、塞内菲尔（Sennefer）、拉莫斯（Râmosé）、纳赫特（Nakht）和麦纳（Menna）陵寝颇为壮美，荟萃了新王国时期埃及绘画的上乘之作。除此之外，还有几处陵墓也值得一

位于美迪奈特·哈布的拉美西斯三世神庙的塔门

观，如埃尔-科克哈（el-Khokha）墓、埃尔-阿萨西夫（El-Assasif）墓、德拉阿布埃尔-纳贾（Dra Abou el-Naga）墓等，在前往古尔纳的法老塞提一世葬祭庙路上即可看到。在通往帝王谷的公路不远处还有霍华德-卡特的故居，正是他发现了图坦卡蒙的陵寝。今日，陵寝中的大部分文物均收藏在开罗的埃及博物馆。

遗憾的是，帝王谷中的大部分陵墓均处于封闭状态，只有小部分对游客开放，如塞提一世的陵寝。游客可凭门票参观三处墓葬，但参观图坦卡蒙墓需额外购买特展门票，价格较高。我们向您推荐图特摩斯三世、拉美西斯一世、拉美西斯四世、塔沃斯塔王后以及塞特纳赫特等法老陵墓。除了参观陵墓，喜欢远足的游客也可以沿着山路翻过哨壁，前往哈特舍普苏特葬祭庙和麦地那工匠村。脚力轻健的游客甚至还可选择从这两个地方出发，攀登身后的埃尔-库恩（El-Qum）山峰。我们在此提醒您，夏天徒步时请尽量避免暴晒。登顶后，您将饱览尼罗河谷的壮景美观。天气晴朗时，放眼望去，就连尼罗河对岸的卡纳克和卢克索也能一览无余。

最高文物委员会官方网站

网站提供阿拉伯语及英语服务。包括了所有与景点、博物馆等相关的实用信息。

www.sca-egypt.org

埃及游客服务中心官方网站（法语）

www.egypt.travel

世界各地的埃及博物馆推介

埃及，法老的国度，文明的发展史长达数千年。无论您是要到埃及观光旅游，还是想探索其灿烂文明，参观几处介绍埃及的博物馆总会给您带来意想不到的惊喜。以下是一些介绍埃及文明史的博物馆，其中有些位于埃及国内，有些则位于其他国家。

卢浮宫

卢浮宫的古埃及馆，拥有全世界最精美的埃及文物。值得一提的是，"金字塔"下方还设有大型书店和儿童读物区。

http://www.louvre.fr

布鲁塞尔50周年纪念博物馆（塞尔热·科林拍摄）

五十周年纪念博物馆（布鲁塞尔皇家艺术及历史博物馆）

这是比利时馆藏古埃及文物最丰富的博物馆，其中包括许多珍贵的木乃伊。

http://www.kmkg-mrah.be/fr/bienvenue-au-musee-du-cinquantenaire

马里蒙皇家博物馆

馆内收藏有精美藏品，尤其以托勒密王后克利奥帕特拉的上半身巨像而闻名。

http://www.musee-mariemont.be

大英博物馆

http://www.britishmuseum.org

皮特里埃及考古博物馆（伦敦）

馆内藏有8万余件藏品！

http://www.ucl.ac.uk/museums/petrie

都灵埃及博物馆

拥有世界上最精美的埃及藏品。

http://www.museoegizio.it

柏林新博物馆

馆内保存着著名的奈菲尔提提上半身雕像。

http://www.smb.museum/aemp

大都会艺术博物馆（纽约）

纽约大都会艺术博物馆是世界级的艺术博物馆之一。

http://www.metmuseum.org

埃及的博物馆

开罗埃及博物馆

www.sca-egypt.org/eng/MUS_Egyptian_Museum.htm

努比亚博物馆（阿斯旺）

www.sca-egypt.org/eng/MUS_NubiaMuseum.htm

www.numibia.net/nubia/

卢克索博物馆

www.sca-egypt.org/eng/MUS_LuxorMuseum.htm

亚历山大里亚希腊罗马博物馆

www.sca-egypt.org/eng/MUS_Greco-Roman.htm

埃及博物馆官方清单：

www.sca-egypt.org/eng/MUS_List.htm

所提供的信息可能会随着时间的推移而改变，请参考官网信息。

图书在版编目（CIP）数据

埃及之卡纳克、卢克索和帝王谷 ／（法）雅克·马丁著；尹明明，宫泽西译. — 北京 ：北京出版社，2023.8
（时光传奇）
ISBN 978-7-200-17292-8

Ⅰ．①埃… Ⅱ．①雅… ②尹… ③宫… Ⅲ．①埃及—古代史—青少年读物 Ⅳ．①K411.209

中国版本图书馆CIP数据核字(2022)第115745号

北京市版权局著作权合同登记号：01-2022-2258

责任编辑：王冠中　米　琳
责任印制：刘文豪

时光传奇
埃及之卡纳克、卢克索和帝王谷
AIJI ZHI KANAKE、LUKESUO HE DIWANG GU
［法］雅克·马丁　著
尹明明　宫泽西　译

出　　版　北京出版集团
　　　　　北京出版社
地　　址　北京北三环中路6号
邮　　编　100120
网　　址　www.bph.com.cn
总 发 行　北京出版集团
发　　行　京版若晴科创文化发展（北京）有限公司
经　　销　新华书店
印　　刷　北京雅昌艺术印刷有限公司
版　　次　2023年8月第1版
印　　次　2023年8月第1次印刷
成品尺寸　235毫米×305毫米
印　　张　9
字　　数　120千字
书　　号　ISBN 978-7-200-17292-8
审 图 号　国审字（2022）02912号
定　　价　78.00元
印　　数　1—10 000
如有印装质量问题,由本社负责调换
质量监督电话　010-58572393
责任编辑电话　010-58572473